ROBERTO SALVETTI

MALEGNO - OSSIMO - BORNO

La leggenda continua (1989 - 2014)

Storia a fumetti

Prefazione di Luciano Dal Ben

INDICE

*Lo sport va a cercare la paura per dominarla,
la fatica per trionfarne, la difficoltà per vincerla.*

Pierre De Coubertin

*Questo libro è dedicato a tutti coloro,
piloti, meccanici, organizzatori, tifosi,
che hanno contribuito, con la loro passione,
a rendere grande la Malegno-Ossimo-Borno.*

PREFAZIONE

Luciano Dal Ben *

Il tempo passa. Dal 1964 la *Malegno-Ossimo-Borno*, per tutti i piloti che vi hanno preso il via, credo rappresenti l'importante e magnifico atto romantico di correre, un atto da mettere tra i più bei ricordi della propria carriera automobilistica sportiva. Quando il salotto buono dei ricordi si apre, le emozioni di questa corsa rivivono nella memoria, i pensieri si accavallano in un turbinio di memorie e gli occhi diventano umidi.

Quando ebbe inizio la stagione della *Malegno* – così veniva ai tempi affettuosamente chiamata –, la mia generazione si era applicata già da alcuni anni al *motorsport*. Erano gli anni in cui Brescia e le sue valli – con l'entusiasmo del fare – muovevano industrie, artigianato, commercio ed erano una fucina di idee, di investimenti e di attività.

In questo clima di grande entusiasmo, che si trasferì anche nel tempo libero e nello sport, la gioventù bresciana – ma non solo – che partecipava alle gare automobilistiche si presentò compatta alle partenze godendo di un grande, sincero e coinvolgente desiderio di correre.

Erano gli anni in cui le scuderie *Mirabella* e *Brescia Corse* si affermavano un po' ovunque, sia nelle gare nazionali sia in quelle estere, con illustri partecipazioni e grandi risultati. Per il *Trofeo Vallecamonica* schierarono al via piloti di grande talento come Pam, Caffi, Sigala, Nember, Rovetta, Zanardelli, Noris, Baribbi, Bettoni, Luraghi, Savoldi, Bontempi, Tassara, Bonomelli, Lo Coco, Ronchi, Regosa... per citare solo alcuni dei tanti bresciani che hanno dato lustro a questa gara con prestazioni di alto livello, cosa che avviene peraltro anche ai giorni nostri con piloti di pregio quali Faggioli, Magliona, Tosini, Macario e tanti altri.

Poi le grandi marche, di ieri e di oggi: Alfa Romeo, Chevron, Osella, Abarth, Lola, Ferrari, Lancia, Porsche, Dallara, Fiat, Bmw, Lucchini, Ford, Ams, Tecno, De Tomaso, Stanguellini, Branca, Alpine... molte di queste ancora oggi sono protagoniste indiscusse e continuano ad appassionare ed emozionare gli sportivi.

Gli sportivi, un generoso ed enorme numero di persone senza età, presenti da sempre, che vivono la corsa sin dalle affascinanti attese notturne, con cieli stellati o gravidi di pioggia, partecipi di questa grande festa fatta anche di bracieri che profumano l'aria, di abbondanti libagioni e di canti alpini.

In questa magnifica e sempre attuale realtà, che è dunque sia sportiva sia umana, ritorno al pensiero delle mie numerose – quasi trenta! – presenze alla *Malegno-Ossimo-Borno*, questo perché è una competizione che considero una delle migliori – se non la migliore – tra le tante gare in salita a cui anche attualmente partecipo.

Un percorso molto veloce, selettivo, che richiede un impegno di guida che definirei da tesi di laurea quanto a concentrazione e rischio consapevole, da affrontare però alla ricerca di quella romantica sacralità sportiva dove l'inseguire un primato può portare, a volte, il coraggio più in alto della tecnica.

Rammento con piacere il tempo in cui, giorni e giorni prima della gara, iniziavano e si consolidavano conoscenze e amicizie – che ancora oggi esistono – con altri piloti. Ricordo la soddisfazione e la gioia di tanti, amici, sportivi, piloti e organizzatori, quando la nostra *Malegno-Ossimo-Borno* ottenne lo status di gara valida per il Campionato Europeo, fatto questo che gli conferì chiara fama e la inserì a pieno titolo nel *gotha* del *motorsport* per varie edizioni. Oggi, con sportivo desiderio, si auspica un ritorno della titolazione europea ma, in ogni caso, indipendentemente da ciò che sarà, ritengo che il tracciato sia di alta qualità e rappresenti, per i piloti tutti, l'occasione per un ottimo, piacevole ed entusiasmante confronto.

Molti sono gli aspetti importanti che la cronaca e la stampa sportiva, in oltre cinquant'anni della *Malegno-Ossimo-Borno*, hanno desiderato di volta in volta portare a conoscenza del proprio pubblico, ma forse una delle chiavi per comprendere il successo di questa gara è l'ascoltare il racconto delle persone che ogni anno giungono in questi luoghi per partecipare o per assistere alla gara ma anche per godere dell'incanto paesaggistico della Valle Camonica e della generosa e cordiale ospitalità delle sue genti.

Infine, queste righe sincere, vergate con stima, affetto e rispetto, le rivolgo all'amico Roberto Salvetti che, con grande sacrificio professionale, ha lavorato per creare il secondo capitolo della storia a fumetti della corsa, una vera e propria opera d'arte che riprende il filo della narrazione laddove il primo volume si era concluso – 1989 – per arrivare sino a oggi.

La sottile e delicata maniera di Roberto Salvetti di porgere al lettore i suoi fumetti, intrisi più volte di pensieri e di umanità, ne fanno un'opera appassionatamente vera e genuina, dal successo certamente assicurato.

Grazie Roberto per l'impegno profuso

---

* Pilota automobilistico di pista, rally e salita e presidente della *Scuderia Ferrari Club Brescia*.

PROMESSA MANTENUTA

Roberto Salvetti

Fumettisticamente parlando, ciò che mi è stato maggiormente a cuore in questi anni era di mantenere una promessa fatta alla fine di settembre 2013 quando, in seguito al successo – al di là di ogni più rosea aspettativa – del primo volume, in molti mi chiesero quanto lunga sarebbe stata l'attesa per poter leggere il prosieguo della storia della *Malegno-Ossimo-Borno*. Senza pensarci troppo, la mia risposta fu precisa e immediata: tre anni.

Così, nel novembre dello stesso anno, mi sono nuovamente armato di matite e inchiostri per riprendere e proseguire con rinnovato entusiasmo questa avventura.

A giochi fatti, debbo riconoscere che immaginare e riempire oltre 100 tavole raffiguranti automobili da corsa – più di 400 illustrazioni complessive! – non è stata proprio una passeggiata.

Non lo era stata neppure la lavorazione del primo libro – malgrado avesse richiesto la metà dei disegni –, ma la differenza sostanziale è che in questo *atto secondo* mi sono scontrato con un impegno maggiore nel definire i dettagli delle varie vetture da gara, che dagli anni '80 in poi, peraltro, sono divenute nella maggior parte dei casi quasi dei veri e propri cartelloni pubblicitari ambulanti per quanto sono corredate da scritte e loghi di sponsor e aziende varie.

Anche in questo caso, prima di mettermi a disegnare, ho dovuto svolgere un accurato lavoro di ricerca e debbo dire che non è sempre stato facile recuperare gli articoli di cronaca che fornissero i corretti spunti narrativi per delineare la storia, così come a volte non è stato affatto semplice procurarsi le immagini o le riprese filmate di questo o di quel concorrente, immagini assolutamente indispensabili quale base per ricostruire graficamente, con la maggior fedeltà possibile, eventuali momenti salienti della cronoscalata.

Come si potrà evincere nel corso della lettura, non vi sono, se non qualche raro accenno, particolari informazioni circa la meccanica e le soluzioni tecniche adottate dalle varie autovetture, questo perché da una parte il mio intento era soprattutto quello di raccontare in maniera semplice e avvicente gli uomini e le tante storie, grandi e piccole, che in questi anni hanno animato e resa grande e spettacolare la *Malegno-Ossimo-Borno* e dall'altra perché, a onor del vero, parafrasando un noto critico d'arte, in materia prettamente meccanica mi ritengo, quanto a competenza, assimilabile a una capra.

Tanta, molta musica, ha accompagnato quasi tutta la parte dedicata ai disegni, in particolare le composizioni del premio Oscar Ennio Morricone, che hanno fatto idealmente da colonna sonora a questa sorta di film illustrato della cronoscalata camuna.

Anche stavolta vorrei che non si sentissero esclusi o messi in disparte quei piloti o quelle scuderie che, più o meno involontariamente, non ho potuto inserire in questa di per sé già lunga storia: ognuno avrebbe meritato del tempo da dedicargli con china e pennino, ma anche se avessi voluto citare tutti quanti, il solo nominarli per iscritto avrebbe richiesto un volume di almeno mille pagine, cosa questa, ovviamente, editorialmente non sostenibile.

Desidero inoltre ringraziare quanti a vario titolo e in maniera disinteressata mi hanno aiutato e incoraggiato in questo mio lavoro, inviandomi del materiale iconografico, raccontandomi le loro storie, visionando in anteprima quelle tavole su cui avevo qualche dubbio. Ogni contributo in merito è stato per me preziosissimo. A tutti un caloroso e sincero grazie.

Fatte queste doverose precisazioni, oggi sono molto felice di mantenere la mia promessa e di poter finalmente condividere con voi tutti – dopo tre lunghi anni di gestazione – questo mio nuovo capitolo della storia della *Malegno-Ossimo-Borno*, un lavoro che è stato, senza ombra di dubbio, tutto in salita!

1988

NEL GIUGNO 1988 PER IL "TROFEO VALLECAMONICA" SI CHIUDE UN CICLO IMPORTANTE, INIZIATO NELL'AGOSTO DEL 1964, ANNO DI NASCITA DELLA GARA, E CULMINATO CON LA VENTESIMA EDIZIONE DELLA CORSA, L'ULTIMA IN CUI I PILOTI CONCORRENTI HANNO PRESO IL VIA DALLA VECCHIA LINEA DI PARTENZA SITUATA NEI PRESSI DEL PIAZZALE DELL'ASILO COMUNALE DI MALEGNO.
VINCE IL BRESCIANO EZIO BARIBBI SU OSELLA BMW IN 3 MINUTI, 54 SECONDI E 12 CENTESIMI ALLA MEDIA DI 132 KM ORARI.
IL VECCHIO RECORD, FISSATO NEL 1984 DAL TOSCANO MAURO NESTI, SEMPRE SU OSELLA BMW, DI 3'46" NETTI RIMANE DUNQUE IMBATTUTO.

PROPRIO NELLO STESSO PERIODO VIENE ULTIMATA UNA NUOVA VARIANTE ALLA "PROVINCIALE N. 5", CHE CONSENTE AL TRAFFICO QUOTIDIANO, IN PARTICOLAR MODO AI MEZZI PESANTI, DI BYPASSARE IN MANIERA PIÙ AGEVOLE LA STRETTA E ORMAI OBSOLETA VIA CHE ATTRAVERSA IL VECCHIO CENTRO DEL PAESE.

SI TRATTA DI UN PROLUNGAMENTO DI DUECENTO METRI POSTO PIÙ A VALLE, PARTENDO TRA IL CAMPO SPORTIVO E IL MUNICIPIO E CHE, SALENDO VERSO BORNO, SI SNODA SU DUE AMPI MA IMPEGNATIVI TORNANTI IN SUCCESSIONE "DESTRA-SINISTRA".
A SEGUITO DI CIÒ, VIENE DUNQUE PROPOSTO E APPROVATO DI SPOSTARE LA PARTENZA SU QUESTO NUOVO SEGMENTO.

LA "MALEGNO-OSSIMO-BORNO" RIPARTE QUINDI DA QUI.
CON LA RICONFERMA NEL CALENDARIO DEL **CAMPIONATO ITALIANO ASSOLUTO DELLA MONTAGNA**, SI CERCA DI ATTIRARE MAGGIORE ATTENZIONE DELLE AUTORITÀ COMPETENTI NELL'AMBITO DELL'AUTOMOBILISMO SPORTIVO INTERNAZIONALE E DELLE LORO COMMISSIONI AL FINE DI ELEVARE LA COMPETIZIONE A LIVELLO DI CAMPIONATO EUROPEO.

LE PREMESSE SONO OTTIME, GLI STANDARD DI SICUREZZA SONO IL FIORE ALL'OCCHIELLO DI QUESTA CRONOSCALATA: IN OCCASIONE DI QUESTA VENTUNESIMA EDIZIONE SI È PROVVEDUTO A RINNOVARE IL MANTO STRADALE PER OLTRE IL CINQUANTA PER CENTO DELL'INTERO TRACCIATO, OLTRE A POSIZIONARE NUOVI GUARD-RAILS NEI PUNTI CONSIDERATI DI MAGGIOR CRITICITÀ.

IL LAVORO ORGANIZZATIVO, GIÀ POSITIVAMENTE SVOLTO NEGLI ANNI PRECEDENTI, ACQUISISCE UN ULTERIORE QUANTO PROGRESSIVO AFFINAMENTO, NELL'OBIETTIVO DI OFFRIRE E OTTENERE IL MEGLIO POSSIBILE.
MA LA VOLONTÀ E L'IMPEGNO DELL'ACI BRESCIA NON BASTANO DA SOLI A GARANTIRE LA MANIFESTAZIONE, PERCIÒ SI AGGREGANO A DARE IL LORO APPORTO LA PROVINCIA DI BRESCIA, CON GLI ASSESSORATI AL TURISMO E ALLO SPORT; IL "BIM" (BACINO IMBRIFERO MONTANO) DI VALLECAMONICA, CAPEGGIATO DAL VALENTE E INTRAMONTABILE **BONOMO BAISOTTI** CHE DI QUESTA GARA È STATO UNO DEGLI IDEATORI; LA COMUNITÀ MONTANA E, NATURALMENTE, I COMUNI DI MALEGNO, OSSIMO E BORNO. BAISOTTI, PUR RICONOSCENDO DI NON ESSERE UN GRANDE ESPERTO DI CORSE AUTOMOBILISTICHE, CONTINUA A VEDERE NELLA GARA CAMUNA UNA GRANDE ATTRATTIVA DAL PUNTO DI VISTA TURISTICO.

COME GIÀ ACCADE DA ALCUNI ANNI, A SALVAGUARDARE L'ORDINE E LA PULIZIA DI PRATI E COLLINE LUNGO IL TRACCIATO DI GARA , CI PENSANO I VOLONTARI DELLA **PROTEZIONE CIVILE**...

IL DIRETTORE DI GARA, BENEDETTO PELLICCIONI, HA GIÀ PIÙ VOLTE ISPEZIONATO L'INTERO PERCORSO, DISPONENDO NEL MIGLIORE DEI MODI LE POSTAZIONI PER GLI OLTRE CENTO COMMISSARI DI GARA.

SI RICOMINCIA, QUINDI! 9 GIUGNO 1989: CON LE VERIFICHE TECNICO-SPORTIVE PRESSO IL CAMPO SPORTIVO DI MALEGNO PRENDE IL VIA LA VENTUNESIMA EDIZIONE DELLA "MALEGNO-OSSIMO-BORNO"!

COL PASSARE DEGLI ANNI, SI È VIA VIA AMPLIATA LA ROSA DEI FAVORITI PER LA VITTORIA ASSOLUTA: AI RAPPRESENTANTI DELLA VECCHIA GUARDIA, COME IL "RE DELLA MONTAGNA" MAURO NESTI E AI CAMPIONI ITALIANI EZIO BARIBBI E GIULIO REGOSA, SI AGGIUNGONO ALCUNI NOMI NUOVI DELLE CORSE IN SALITA, COME IL VENTIQUATTRENNE PUGLIESE PASQUALE IRLANDO, LO SVIZZERO PHILIPPE DARBELLAY E IL GIOVANE MASSIMO SACCOMANNO DI SARONNO.
DA NON DIMENTICARE, INFINE, I "SEMPREVERDI" PILOTI BRESCIANI CHE FIGURAVANO GIÀ NELLE CLASSIFICHE DI QUASI VENT'ANNI ADDIETRO: STEFANO BETTONI, DARIO LURAGHI, NELLO GNESATO, LUCIANO DAL BEN, GIUSEPPE TAMBONE E TANTI ALTRI.

MA ANCHE TRA I PILOTI "LOCALI" C'È QUALCHE AVVICENDAMENTO GENERAZIONALE.

PROPRIO NEL 1989 SCOMPARE IL NOTO SEVERINO RONCHI, CHE AVEVA GIÀ LASCIATO LE COMPETIZIONI NEL 1987, ALLA SOGLIA DEI SETTANT'ANNI;
MENTRE IL POPOLARE GIUSEPPE CATTANE – CHE ANCORA POSSIEDE UN RARO ESEMPLARE DELLA GLORIOSA ALFA ROMEO SZ – MEDITA DI RIENTRARE IN GARA NELLA CATEGORIA DELLE AUTO STORICHE, COSA CHE PURTROPPO PERÒ NON GLI RIUSCIRÀ DI FARE.

A TENERE ALTA LA BANDIERA ORA CI SONO ANGELO GRAZIOLI, BENEDETTO BERNARDI, ADRIANO ZERLA, CLAUDIO BURLOTTI, OLTRE AGLI ESPERTI "GANCIO" ANDREOLI, PIETRO TOSINI, "TANGO" (AL SECOLO ABELE TANGHETTI), GIANFRANCO MARIOLINI, GIUSEPPE CHIMINELLI, GIAN ANTONIO FRANZONI E MOLTI ALTRI ANCORA CHE CONOSCEREMO NEL CORSO DI QUESTA NUOVA LUNGA AVVENTURA.

ALCUNI DI LORO CORRONO PIÙ PER PASSIONE CHE PER PROFESSIONE E POICHÉ GLI ANNI '80 SONO UN PERIODO ANCORA FLORIDO PER LE GARE IN SALITA, DISSEMINATE A DECINE LUNGO TUTTA LA PENISOLA, PRATICAMENTE OGNI FINE SETTIMANA O QUASI, QUESTI APPASSIONATI SI DANNO APPUNTAMENTO PER COMBATTERSI SUL FILO DEI CENTESIMI E, PERCHÉ NO, ANCHE PER AVERE OCCASIONE DI DIVERTIRSI.

SONO SENSIBILMENTE AUMENTATE ANCHE LE SCUDERIE AUTOMOBILISTICHE BRESCIANE, COME LA "CHIMINELLI SPORTS TEAM", LA "VALCAMONICA CORSE" DI MARTINO BRANCHI, LA "DELTA RACING", OLTRE ALLE CONSOLIDATE "BIESSE CORSE" E "BRESCIARALLY". SEMPRE PRESENTI ANCHE LA "MIRABELLA MILLE MIGLIA" CON I SUOI 35 ANNI DI STORIA E IL "TEAM 1000 MIGLIA".

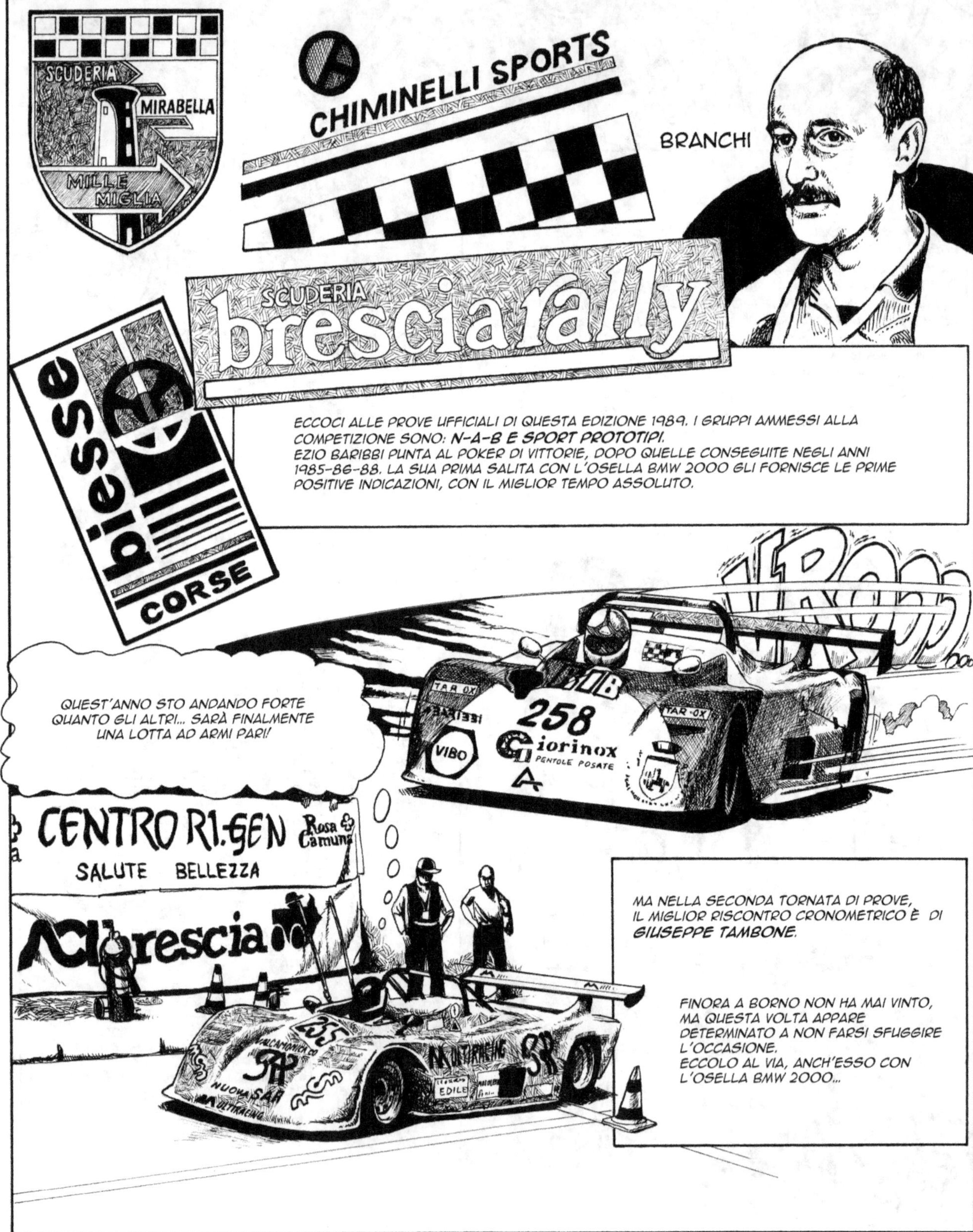

SCUDERIA MIRABELLA MILLE MIGLIA
CHIMINELLI SPORTS
BRANCHI
SCUDERIA bresciarally
biesse CORSE
ECCOCI ALLE PROVE UFFICIALI DI QUESTA EDIZIONE 1989. I GRUPPI AMMESSI ALLA COMPETIZIONE SONO: N-A-B E SPORT PROTOTIPI.
EZIO BARIBBI PUNTA AL POKER DI VITTORIE, DOPO QUELLE CONSEGUITE NEGLI ANNI 1985-86-88. LA SUA PRIMA SALITA CON L'OSELLA BMW 2000 GLI FORNISCE LE PRIME POSITIVE INDICAZIONI, CON IL MIGLIOR TEMPO ASSOLUTO.
QUEST'ANNO STO ANDANDO FORTE QUANTO GLI ALTRI... SARÀ FINALMENTE UNA LOTTA AD ARMI PARI!
258
iorinox
PENTOLE POSATE
VIBO
CENTRO RI.GEN
Rosa Camuna
SALUTE BELLEZZA
AC brescia
MA NELLA SECONDA TORNATA DI PROVE, IL MIGLIOR RISCONTRO CRONOMETRICO È DI GIUSEPPE TAMBONE.
FINORA A BORNO NON HA MAI VINTO, MA QUESTA VOLTA APPARE DETERMINATO A NON FARSI SFUGGIRE L'OCCASIONE.
ECCOLO AL VIA, ANCH'ESSO CON L'OSELLA BMW 2000...

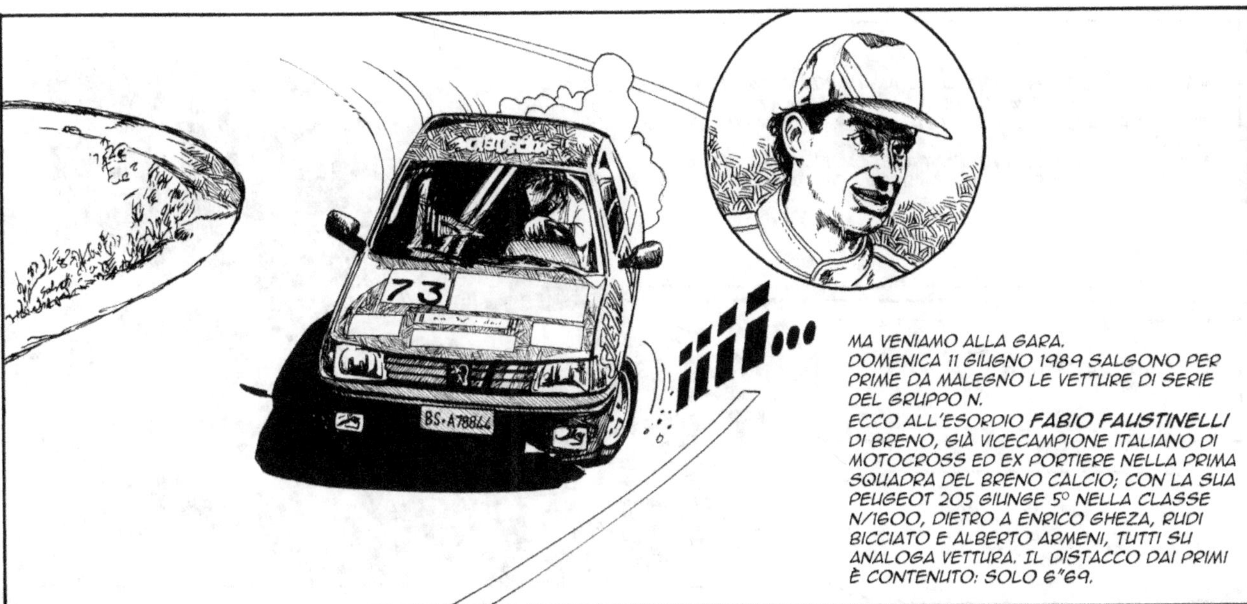

MA VENIAMO ALLA GARA.
DOMENICA 11 GIUGNO 1989 SALGONO PER PRIME DA MALEGNO LE VETTURE DI SERIE DEL GRUPPO N.
ECCO ALL'ESORDIO **FABIO FAUSTINELLI** DI BRENO, GIÀ VICECAMPIONE ITALIANO DI MOTOCROSS ED EX PORTIERE NELLA PRIMA SQUADRA DEL BRENO CALCIO; CON LA SUA PEUGEOT 205 GIUNGE 5° NELLA CLASSE N/1600, DIETRO A ENRICO GHEZA, RUDI BICCIATO E ALBERTO ARMENI, TUTTI SU ANALOGA VETTURA. IL DISTACCO DAI PRIMI È CONTENUTO: SOLO 6"69.

ADRIANO ZERLA GIOCA IN CASA, ESSENDO CRESCIUTO SU QUESTE STRADE. COME NEL 1988, CON LA FORD SIERRA COSWORTH SI MISURA CONTRO DEI CALIBRI COME BENEDETTO FUSCO, IL VETERANO GIANFRANCO MARIOLINI E IL MILANESE GIANNI GIUDICI...

GIUDICI È ABITUALMENTE IMPEGNATO IN PISTA, NEL CAMPIONATO ITALIANO TURISMO, MA NON DISDEGNA SPORADICHE APPARIZIONI ANCHE NELLE GARE IN SALITA.
ZERLA INTANTO OTTIENE UN BUON TEMPO IN N/2500, MA A 10" DAI PRIMI TRE SOPRA CITATI, PURE LORO SU FORD SIERRA COSWORTH.

FUSCO, COL TEMPO DI 4' 49" 09 VINCE SIA LA CLASSE **OLTRE 2500** (+2500 DI CILINDRATA) SIA IL GRUPPO N.
NEL GRUPPO A, IL BRESCIANO **GIAN ANTONIO FRANZONI**, TITOLARE DI UN'AUTOFFICINA A GORZONE DI DARFO BOARIO TERME, SPREME COME UN LIMONE LA SUA VECCHIA ALFA ROMEO SPRINT!

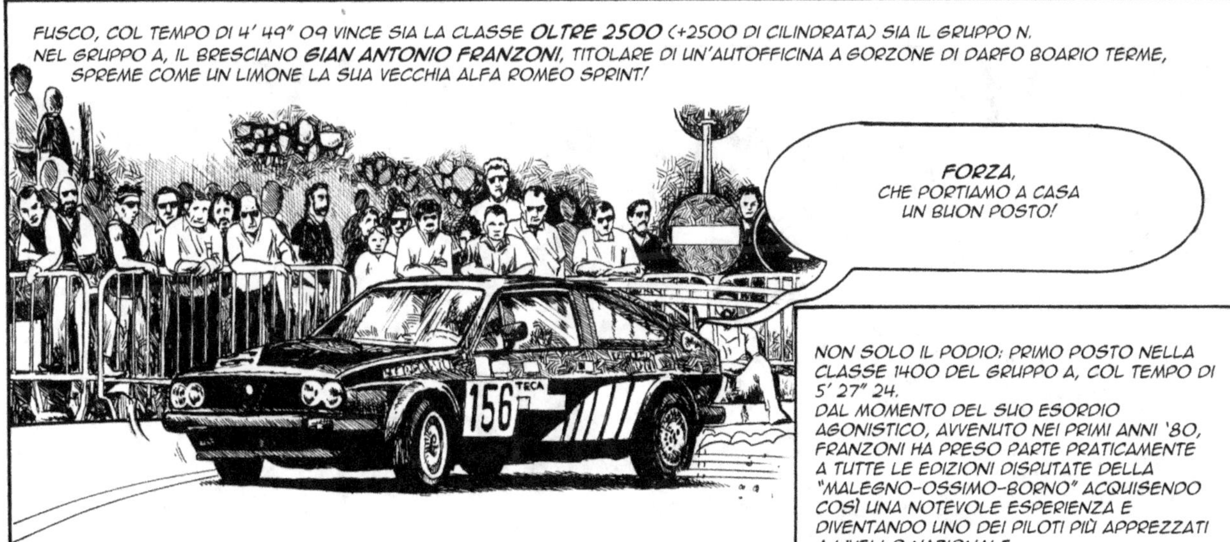

NON SOLO IL PODIO: PRIMO POSTO NELLA CLASSE 1400 DEL GRUPPO A, COL TEMPO DI 5' 27" 24.
DAL MOMENTO DEL SUO ESORDIO AGONISTICO, AVVENUTO NEI PRIMI ANNI '80, FRANZONI HA PRESO PARTE PRATICAMENTE A TUTTE LE EDIZIONI DISPUTATE DELLA "MALEGNO-OSSIMO-BORNO" ACQUISENDO COSÌ UNA NOTEVOLE ESPERIENZA E DIVENTANDO UNO DEI PILOTI PIÙ APPREZZATI A LIVELLO NAZIONALE.

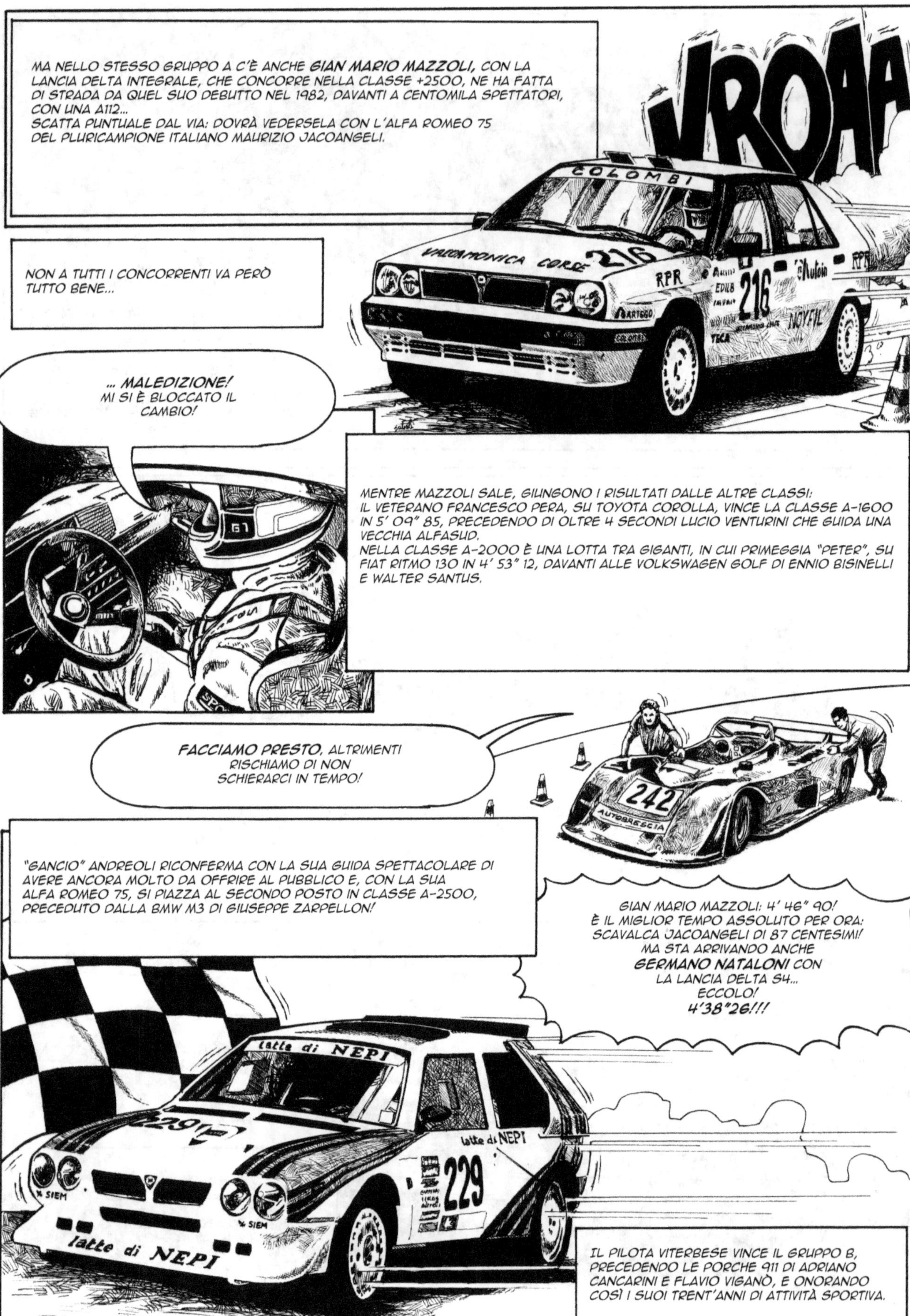

MA NELLO STESSO GRUPPO A C'È ANCHE GIAN MARIO MAZZOLI, CON LA LANCIA DELTA INTEGRALE, CHE CONCORRE NELLA CLASSE +2500, NE HA FATTA DI STRADA DA QUEL SUO DEBUTTO NEL 1982, DAVANTI A CENTOMILA SPETTATORI, CON UNA A112...
SCATTA PUNTUALE DAL VIA: DOVRÀ VEDERSELA CON L'ALFA ROMEO 75 DEL PLURICAMPIONE ITALIANO MAURIZIO JACOANGELI.
VROAA
NON A TUTTI I CONCORRENTI VA PERÒ TUTTO BENE...
... MALEDIZIONE! MI SI È BLOCCATO IL CAMBIO!
MENTRE MAZZOLI SALE, GIUNGONO I RISULTATI DALLE ALTRE CLASSI:
IL VETERANO FRANCESCO PERA, SU TOYOTA COROLLA, VINCE LA CLASSE A-1600 IN 5' 09" 85, PRECEDENDO DI OLTRE 4 SECONDI LUCIO VENTURINI CHE GUIDA UNA VECCHIA ALFASUD.
NELLA CLASSE A-2000 È UNA LOTTA TRA GIGANTI, IN CUI PRIMEGGIA "PETER", SU FIAT RITMO 130 IN 4' 53" 12, DAVANTI ALLE VOLKSWAGEN GOLF DI ENNIO BISINELLI E WALTER SANTUS.
FACCIAMO PRESTO, ALTRIMENTI RISCHIAMO DI NON SCHIERARCI IN TEMPO!
"GANCIO" ANDREOLI RICONFERMA CON LA SUA GUIDA SPETTACOLARE DI AVERE ANCORA MOLTO DA OFFRIRE AL PUBBLICO E, CON LA SUA ALFA ROMEO 75, SI PIAZZA AL SECONDO POSTO IN CLASSE A-2500, PRECEDUTO DALLA BMW M3 DI GIUSEPPE ZARPELLON!
GIAN MARIO MAZZOLI: 4' 46" 90! È IL MIGLIOR TEMPO ASSOLUTO PER ORA: SCAVALCA JACOANGELI DI 87 CENTESIMI! MA STA ARRIVANDO ANCHE GERMANO NATALONI CON LA LANCIA DELTA S4... ECCOLO! 4'38"26!!!
IL PILOTA VITERBESE VINCE IL GRUPPO B, PRECEDENDO LE PORCHE 911 DI ADRIANO CANCARINI E FLAVIO VIGANÒ, E ONORANDO COSÌ I SUOI TRENT'ANNI DI ATTIVITÀ SPORTIVA.
COLOMBI
VALCAMONICA CORSE 216
RPR
216
Autoin
NOYFIL
latte di NEPI
229
latte di NEPI
242
AUTOBRESCIA

GRANDE SPAVENTO PER TAMBONE: DECISO A PUNTARE AL SUO PRIMO SUCCESSO, SALE MOLTO DECISO.
INVECE, PROPRIO NELLO STESSO PUNTO DOVE 17 ANNI PRIMA PERSE LA VITA IL VERONESE "NORIS"...

FORTUNATAMENTE IL SAPIENTE CONTROLLO DEL PILOTA RIESCE A RIPORTARE IN CARREGGIATA LA VETTURA!
NEL FRATTEMPO GIUNGE AL TRAGUARDO LUCIANO DAL BEN: LASCIATE TEMPORANEAMENTE DA PARTE LE FERRARI, E DOPO UNA PARENTESI AVARA DI SODDISFAZIONI CON LA AMS 1300 GIÀ APPARTENUTA A SEVERINO RONCHI, CI RIPROVA CON UN'OSELLA 2000. MALGRADO I BUONI PROPOSITI, TUTTAVIA, IL RISULTATO, SEPPUR INCORAGGIANTE, NON È DEL TUTTO POSITIVO: DAL BEN RIMANE FUORI DAI PRIMI DIECI ASSOLUTI.

È IL TURNO DI EZIO BARIBBI, MENTRE TAMBONE GIUNGE SOTTO LA BANDIERA A SCACCHI OTTENENDO UN TEMPO DI POCO SUPERIORE AI QUATTRO MINUTI...
OTTIMA IDEA, QUESTA NUOVA AGGIUNTA INIZIALE AL TRACCIATO!
FABBRI
258
iorinox
PENTOLE POSATE
VIBO
TAR·OX

NEL FRATTEMPO NESTI È GIÀ A METÀ PERCORSO, VERSO OSSIMO. SALE VELOCE COME SEMPRE: DOPO AVER CAMBIATO L'ASSETTO ALLA SUA OSELLA BMW PER BEN TRE VOLTE IN VENTIQUATTRO ORE, SEMBRA AVER TROVATO LA CONFIGURAZIONE PIÙ CONGENIALE ALLE CARATTERISTICHE DEL FONDO STRADALE E AL SUO STILE DI GUIDA, PULITO MA AGGRESSIVO...
AVEVO RAGIONE IO SULLE "RADIALI", QUESTO NON È PIÙ CORRERE... È VOLARE BASSO!!!
CASTROL
253
CEBORA
DUNLOP

VROOAR
REGOSA! ECCOLO AL TRAGUARDO: 3'59"62, MIGLIOR TEMPO! È IL PRIMO A SCENDERE SOTTO IL MURO DEI QUATTRO MINUTI PRIMI... È LA CONFERMA DELLA SUA INDUBBIA MATURITÀ AGONISTICA...
...FINALMENTE UN BUON RISULTATO ANCHE QUI A BORNO!
256
DELTA
EX

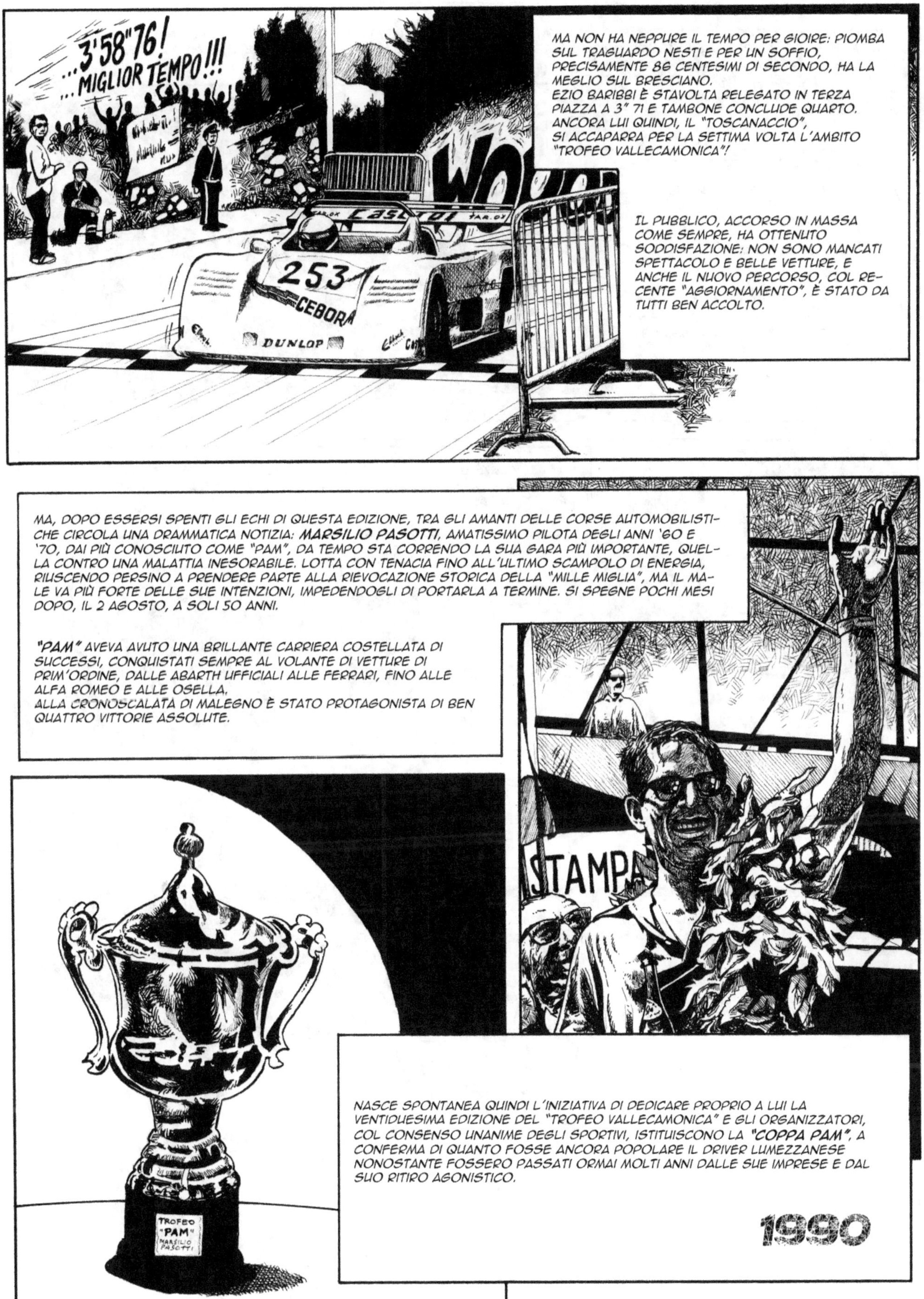

MA NON HA NEPPURE IL TEMPO PER GIOIRE: PIOMBA SUL TRAGUARDO NESTI E PER UN SOFFIO, PRECISAMENTE 86 CENTESIMI DI SECONDO, HA LA MEGLIO SUL BRESCIANO.
EZIO BARIBBI È STAVOLTA RELEGATO IN TERZA PIAZZA A 3" 71 E TAMBONE CONCLUDE QUARTO. ANCORA LUI QUINDI, IL "TOSCANACCIO", SI ACCAPARRA PER LA SETTIMA VOLTA L'AMBITO "TROFEO VALLECAMONICA"!

IL PUBBLICO, ACCORSO IN MASSA COME SEMPRE, HA OTTENUTO SODDISFAZIONE: NON SONO MANCATI SPETTACOLO E BELLE VETTURE, E ANCHE IL NUOVO PERCORSO, COL RECENTE "AGGIORNAMENTO", È STATO DA TUTTI BEN ACCOLTO.

MA, DOPO ESSERSI SPENTI GLI ECHI DI QUESTA EDIZIONE, TRA GLI AMANTI DELLE CORSE AUTOMOBILISTICHE CIRCOLA UNA DRAMMATICA NOTIZIA: *MARSILIO PASOTTI*, AMATISSIMO PILOTA DEGLI ANNI '60 E '70, DAI PIÙ CONOSCIUTO COME "PAM", DA TEMPO STA CORRENDO LA SUA GARA PIÙ IMPORTANTE, QUELLA CONTRO UNA MALATTIA INESORABILE. LOTTA CON TENACIA FINO ALL'ULTIMO SCAMPOLO DI ENERGIA, RIUSCENDO PERSINO A PRENDERE PARTE ALLA RIEVOCAZIONE STORICA DELLA "MILLE MIGLIA", MA IL MALE VA PIÙ FORTE DELLE SUE INTENZIONI, IMPEDENDOGLI DI PORTARLA A TERMINE. SI SPEGNE POCHI MESI DOPO, IL 2 AGOSTO, A SOLI 50 ANNI.

"PAM" AVEVA AVUTO UNA BRILLANTE CARRIERA COSTELLATA DI SUCCESSI, CONQUISTATI SEMPRE AL VOLANTE DI VETTURE DI PRIM'ORDINE, DALLE ABARTH UFFICIALI ALLE FERRARI, FINO ALLE ALFA ROMEO E ALLE OSELLA.
ALLA CRONOSCALATA DI MALEGNO È STATO PROTAGONISTA DI BEN QUATTRO VITTORIE ASSOLUTE.

NASCE SPONTANEA QUINDI L'INIZIATIVA DI DEDICARE PROPRIO A LUI LA VENTIDUESIMA EDIZIONE DEL "TROFEO VALLECAMONICA" E GLI ORGANIZZATORI, COL CONSENSO UNANIME DEGLI SPORTIVI, ISTITUISCONO LA *"COPPA PAM"*, A CONFERMA DI QUANTO FOSSE ANCORA POPOLARE IL DRIVER LUMEZZANESE NONOSTANTE FOSSERO PASSATI ORMAI MOLTI ANNI DALLE SUE IMPRESE E DAL SUO RITIRO AGONISTICO.

1990

GIUSTO PER TENER FEDE ALLA TRADIZIONE, QUASI OGNI ANNO LA PIOGGIA TROVA LO SPAZIO PER FARE CAPOLINO: ACCADE ANCHE NEL 1990. INFATTI, LA PRIMA TORNATA DI PROVE UFFICIALI SI SVOLGE SUL BAGNATO. IL PUBBLICO PIÙ ABITUATO A QUESTE REPENTINE VARIAZIONI DI CLIMA IN MONTAGNA È SEMPRE PROVVISTO DI IMPERMEABILI E OMBRELLI. GLI SPETTATORI DELL'ULTIMA ORA SONO INVECE COSTRETTI A IMPROVVISARE RIPARI DI FORTUNA...
MI PARE CHE I CONCORRENTI STIANO VENENDO SU PIUTTOSTO PIANO...
SÌ, VAI GIÙ A DIRE LORO DI RISCHIARE UN CAPITALE IN AUTO DA CORSA, INTANTO CHE TU TE NE STAI TRANQUILLO A MANGIARTI IL PANINO!

INFATTI, COM'È OVVIO, TUTTI I PILOTI PREFERISCONO SALIRE CON MAGGIORE PRUDENZA. L'OBIETTIVO DELLA GIORNATA È PORTARE A TERMINE LE PROVE SENZA PROCURARSI DEI DANNI!
239

PURE IN QUESTA EDIZIONE – QUARTA PROVA DEL CAMPIONATO ITALIANO – SI RIPETE L'ORMAI CLASSICA SFIDA TRA NESTI E BARIBBI.
C'È ANCHE REGOSA, CAMPIONE ITALIANO IN CARICA, CHE TUTTAVIA HA RISCHIATO DI NON RIUSCIRE A PRENDERE PARTE A QUESTA EDIZIONE DELLA GARA.
DIFATTI, NELLA PRECEDENTE PROVA DI CAMPIONATO, LA "CAPRINO-SPIAZZI", IN PROVINCIA DI VERONA, IL PILOTA BRESCIANO È STATO PROTAGONISTA DI UNA ROVINOSA USCITA DI STRADA. LA SUA BIPOSTO, RIMASTA SEMIDISTRUTTA NELL'INCIDENTE, VIENE RAPPEZZATA ALLA MENO PEGGIO DAI MECCANICI, IN UNA CORSA CONTRO IL TEMPO E IN ATTESA DI UN ALTRO NUOVO ESEMPLARE DI OSELLA, IN ALLESTIMENTO DAL NOTO COSTRUTTORE DI VOLPIANO.
DELTA
GIORGIO SAN
ZUCCHINI
ZUCCHINI
PHOENIX

IN QUESTA EDIZIONE COME PRINCIPALE OUTSIDER IL GIOVANE PUGLIESE **PASQUALE IRLANDO** CHE, DOPO ESSERSI FATTO NOTARE NELLE SALITE DEL CENTRO-SUD CON RISULTATI DI UNA CERTA IMPORTANZA, INIZIA A SONDARE IL TERRENO ANCHE NELLE GARE DEL NORD ITALIA...

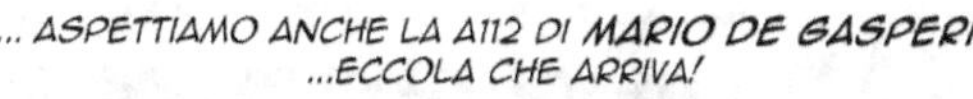

... ASPETTIAMO ANCHE LA A112 DI **MARIO DE GASPERI**...
...ECCOLA CHE ARRIVA!

QUEST'ANNO AFFRONTO LA STAGIONE CON QUESTA **OLMAS RAM**...
IRLANDO
277

24

LE POPOLARI **AUTOBIANCHI A112** SONO ORMAI ALLA LORO ULTIMA STAGIONE, PRIMA DEL LORO PENSIONAMENTO PER SCADUTA OMOLOGAZIONE. TRA GLI ULTIMI SUSSULTI D'ORGOGLIO DI QUESTE UTILITARIE, NELLA CLASSE 1150 DEL GRUPPO N SI IMPONE UNA RAGAZZA, MONICA ZAMPEDRI, SIGLANDO IL TEMPO DI 5' 52" 17.
A SEGUIRE, SEMPRE NELLA CLASSE 1150 MA NEL GRUPPO A, MONOPOLIZZANO IL PODIO LE A112 DI MORISI, ANTONUCCI E RUBAGOTTI.
È IL PASSO D'ADDIO PER QUESTA SIMPATICA E POPOLARE VETTURA CHE PER DUE DECENNI HA CONSENTITO, CON POCA SPESA, A MOLTI DILETTANTI E A TANTI FUTURI PROFESSIONISTI DI CONCRETIZZARE IL SOGNO DI CORRERE IN MACCHINA E MAGARI DI COSTRUIRSI ANCHE UNA GRATIFICANTE CARRIERA.

LOTTA SERRATA, ANCORA NEL GRUPPO N.
ECCO I TRE FAVORITI: IL BERGAMASCO WALTER SANTUS E I CAMUNI CLAUDIO BURLOTTI E GIANFRANCO MARIOLINI.
SI MISURANO, UNO CONTRO L'ALTRO, IN CLASSE +2500, ALLA GUIDA DELLE MERAVIGLIOSE **FORD SIERRA COSWORTH**...

VROAAR...
COSMA 139
139
COSMA

VIDEOMUSIC

... STA PER GIUNGERE ALL'ARRIVO ANCHE UN'ALTRA FORD SIERRA COSWORTH, CON **BENEDETTO BERNARDI** DELLA SCUDERIA "VALCAMONICA CORSE"...

MENTRE IL GIOVANE **RUDI BICCIATO**, CON LA SUA PEUGEOT 205, SI AVVIA A VINCERE LA CLASSE N-1600 IN 5' 24" 92, SALGONO LE N-2000, DOVE SVETTA RENATO AURENGHI SU OPEL KADETT IN 5' 14'' 52! NELLA N-2500 VINCE ROMAN SCHWEIGKOFLER SU RENAULT 5 GT TURBO IN 5' 03" 61 BATTENDO LE MEDESIME VETTURE DI "SILVA" E ZUECH.

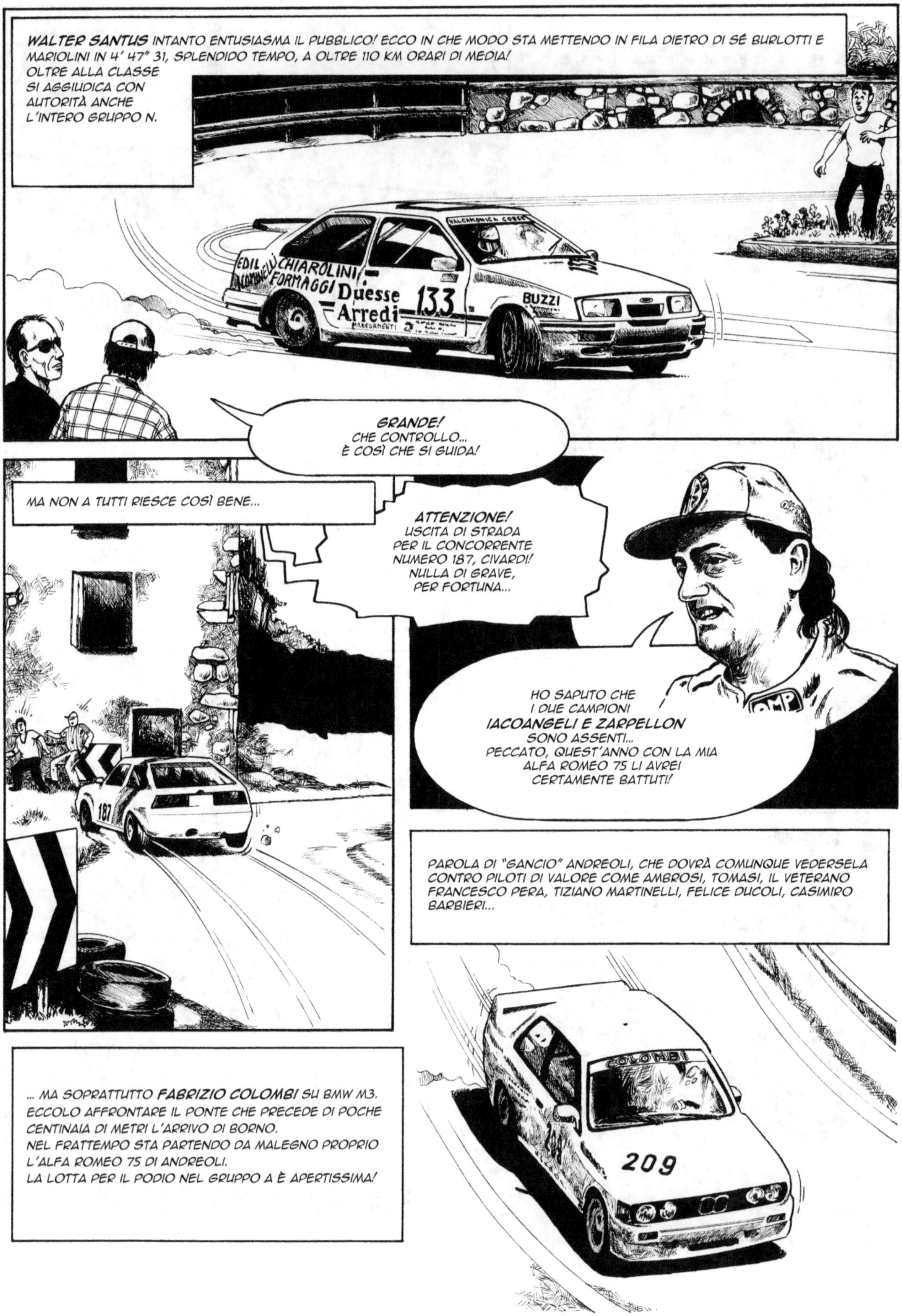

WALTER SANTUS INTANTO ENTUSIASMA IL PUBBLICO! ECCO IN CHE MODO STA METTENDO IN FILA DIETRO DI SÉ BURLOTTI E MARIOLINI IN 4' 47" 31, SPLENDIDO TEMPO, A OLTRE 110 KM ORARI DI MEDIA!
OLTRE ALLA CLASSE SI AGGIUDICA CON AUTORITÀ ANCHE L'INTERO GRUPPO N.
GRANDE!
CHE CONTROLLO...
È COSÌ CHE SI GUIDA!
MA NON A TUTTI RIESCE COSÌ BENE...
ATTENZIONE!
USCITA DI STRADA PER IL CONCORRENTE NUMERO 187, CIVARDI!
NULLA DI GRAVE, PER FORTUNA...
HO SAPUTO CHE I DUE CAMPIONI IACOANGELI E ZARPELLON SONO ASSENTI...
PECCATO, QUEST'ANNO CON LA MIA ALFA ROMEO 75 LI AVREI CERTAMENTE BATTUTI!
PAROLA DI "GANCIO" ANDREOLI, CHE DOVRÀ COMUNQUE VEDERSELA CONTRO PILOTI DI VALORE COME AMBROSI, TOMASI, IL VETERANO FRANCESCO PERA, TIZIANO MARTINELLI, FELICE DUCOLI, CASIMIRO BARBIERI...
... MA SOPRATTUTTO FABRIZIO COLOMBI SU BMW M3.
ECCOLO AFFRONTARE IL PONTE CHE PRECEDE DI POCHE CENTINAIA DI METRI L'ARRIVO DI BORNO.
NEL FRATTEMPO STA PARTENDO DA MALEGNO PROPRIO L'ALFA ROMEO 75 DI ANDREOLI.
LA LOTTA PER IL PODIO NEL GRUPPO A È APERTISSIMA!

COLOMBI
209

ARRIVA AL TRAGUARDO IL MITICO "GANCIO". AVEVA RAGIONE A DICHIARARSI COSÌ IN FORMA: 4' 45" 35! COLOMBI È STACCATO DI POCO MENO DI UN SECONDO, GLI ALTRI SONO TUTTI MOLTO PIÙ DISTANZIATI. IL PILOTA CAMUNO SI PORTA COSÌ A CASA DUE VITTORIE, QUELLA NELLA CLASSE +2500 E QUELLA NEL GRUPPO A.

219

CARRERA
CRX

PARTONO ORA LE VETTURE DEL GRUPPO B.
NELLA CLASSE 1600 CORRONO VELOCI LE FIAT X1/9 DI ANTON GEIER E DI ANTONINO ODDO...
FRANZ SCHREINER, CON UNA HONDA CRX, PERÒ NON SI FA PROBLEMI E STACCA UN BEL 5' 14" 02, RELEGANDO I DUE AVVERSARI AL SECONDO E AL TERZO POSTO CON OLTRE 12 SECONDI DI DISTACCO.

MA IL PIÙ ACCREDITATO ALLA VITTORIA FINALE DEL GRUPPO B È ANCORA UNA VOLTA GERMANO NATALONI. IL VITERBESE HA 58 ANNI E CORRE DA QUARANTA, LA SUA PRIMA "MILLE MIGLIA" L'HA CORSA NEL 1952 CON UNA LANCIA AURELIA E DA ALLORA È SEMPRE RIMASTO FEDELE ALLE VETTURE DELLA CASA TORINESE, FACENDO PARTE ANCHE DELLA SQUADRA CORSE UFFICIALE PER DIVERSI ANNI.
NATALONI È SCATTATO ORA DAL VIA, MENTRE FRANCO FLOCCHINI, SU RENAULT 5 TURBO, STA GIÀ SFILANDO AL "TORNANTE DELLA BIRRERIA"...

VROAAAA
232

FLOCCHINI OTTIENE UN BUON 4' 57" 57 E GUIDA IL PODIO DELLE R5 TURBO, DAVANTI A BIANCOLIN E ZOCATELLI. NATALONI INVECE CON LA SUA LANCIA DELTA S4 DÀ SPETTACOLO COME SEMPRE, VINCENDO IL GRUPPO B E MIGLIORANDO IL SUO RECORD PERSONALE DI OLTRE 2 SECONDI RISPETTO ALL'ANNO PRECEDENTE!
OTTIMO!
- 236 1 43657

ANNUNCIATA
OSSIMO SUP
243
CARRERA
AL MOMENTO NATALONI HA OTTENUTO IL MIGLIOR TEMPO ASSOLUTO.
DEVONO PERÒ ANCORA SALIRE I PIÙ POTENTI "BOLIDI" DEL GRUPPO SPORT PROTOTIPI.
A DESTARE CURIOSITÀ SONO LE SANETTI-AMS, MOTORIZZATE YAMAHA, DI GUIDO E LUCA SANETTI: IL ROMBO FRAGOROSO È SIMILE A QUELLO DELLE MOTOCROSS.
I SANETTI, PADRE E FIGLIO, SI CLASSIFICANO AI PRIMI DUE POSTI IN CLASSE 1000.

IN UN PROGRESSIVO E INCESSANTE AVVICENDAMENTO IN ALTA CLASSIFICA ORA AL PRIMO POSTO È ANDATO GIUSEPPE PERONI, CHE CON LA BIPOSTO BOGANI ALFA ROMEO VINCE LA CLASSE "SPORT NAZIONALE". SALGONO QUINDI REGOSA E TAMBONE, MA I TEMPI DELLE LORO OSELLA 2000 NON LASCIANO GROSSE SPERANZE DI VITTORIA, RESTANDO CON I TEMPI AL DI SOPRA DEI QUATTRO MINUTI. ADESSO È IL TURNO DELLA OLMAS RAM DI PASQUALE IRLANDO. PER ORA AGLI INTERTEMPI SEMBRA IN VANTAGGIO SU CHI È TRANSITATO PRIMA DI LUI...
pba
MOTUL
ECOPLANT
ORMAI È FATTA!
ANCORA UN PAIO DI CURVE
E CI SIAMO...

4' 08" 28! INDUBBIAMENTE UN OTTIMO TEMPO, MA NON SUFFICIENTE PER RIMANERE AL PRIMO POSTO. INFATTI C'È NESTI CHE MORDE L'ASFALTO CON LA SUA OSELLA BMW. LUI E IL MEZZO MECCANICO SONO UN TUTT'UNO: IL MOTORE SEMBRA "CANTARE" TRA LE MONTAGNE E IL TOSCANO SALE RAPIDO E SENZA SBAVATURE SULLE CURVE!
278
CEBORA
DUNLOP

279
O'NEILL!
O'NEILL
O'NEILL
CE LA DEVE METTERE TUTTA: SENTE SUL COLLO IL FIATO DI EZIO BARIBBI, CHE NEGLI ULTIMI TEMPI SI È CONCESSO IN PIÙ OCCASIONI DI BATTERLO. EZIO STA INFATTI SPREMENDO LA SUA VECCHIA OSELLA BMW FINO ALL'INVEROSIMILE...

NESTI ARRIVA A BORNO ED È STATO VELOCE COME UN COLPO DI FUCILE!
3' 57" 06! STRAORDINARIO!!! CHISSÀ SE BARIBBI SAPRÀ FARE DI MEGLIO...
ARRIVO
TROFEO VALLECAMONICA
AGRICAR
Mercedes Benz
Selcam
IBM
SIP
VALCAMONICA CORSE
ZUCCHINI
278
CEBORA

IL "RE DELLA MONTAGNA" MIGLIORA IL SUO PRECEDENTE PRIMATO DI TRE DECIMI. GIUNGE ANCHE BARIBBI: 4' 00" 71! LA VISIERA DEL SUO CASCO NON RIESCE A NASCONDERE LA SUA SMORFIA DI DELUSIONE: PURE LUI MIGLIORA RISPETTO ALLA SCORSA EDIZIONE, MA NON BASTA. IL "RE" È SEMPRE NESTI, CHE, A 55 ANNI, NON HA ALCUNA VOGLIA DI CEDERE LO SCETTRO!
... DIAVOLO D'UN TOSCANO! CONTINUA A DIRE "...IO IL CAMPIONATO 'UN LO FÒ... 'UN LO FÒ..." E POI ALLA FINE È SEMPRE QUI A METTERCI TUTTI IN RIGA! ... MA NON FINISCE MICA QUI...
GIANCARI
desenzano

1991

INFATTI NON FINISCE QUI. SIAMO AL 1991, EDIZIONE NUMERO 23, ANCHE STAVOLTA VALIDA PER IL "CAMPIONATO ITALIANO ASSOLUTO DELLA MONTAGNA".
LA NOVITÀ PIÙ RILEVANTE DELLA STAGIONE RIGUARDA LE VETTURE "SPORT PROTOTIPO", IL CUI GRUPPO ORA È DENOMINATO "C3".

IL COSTRUTTORE TORINESE ENZO OSELLA STA ILLUSTRANDO A NESTI IL PROGETTO DELLE NUOVE VETTURE CHE DOVRANNO AFFRONTARE LA STAGIONE.

ABBIAMO RIVOLUZIONATO IL MODELLO PA-9, INTERVENENDO IN PIÙ PUNTI SUL RESTYLING...

DA CIÒ CHE SI VEDE DAI DISEGNI, SEMBRA CHE ABBIATE FATTO MODIFICHE RADICALI SIA SULLA SCOCCA SIA SULL'AERODINAMICA... UN OTTIMO LAVORO! NON VEDO L'ORA DI PROVARLA...

NASCE COSÌ LA NUOVA OSELLA PA-9/90.

PRATICAMENTE QUASI TUTTI I MAGGIORI PILOTI NAZIONALI E INTERNAZIONALI ADOTTANO QUESTA NUOVA VETTURA PER LE CRONOSCALATE.
ADDIRITTURA BARIBBI E IL FRIULANO ROMANO CASASOLA TENTANO LA CARTA DEL PROPULSORE BMW 2500 IN LUOGO DEI TRADIZIONALI 2000.
VEDREMO SE LA SCELTA FARÀ LA DIFFERENZA O SE I VANTAGGI SARANNO ALLA FINE SOLO RELATIVI.
BARIBBI CON QUESTA NUOVA SCELTA RILANCIA LA SFIDA VERSO L'ETERNO AMICO-RIVALE NESTI...

LA MATTINATA DEL SABATO NON PROMETTE NULLA DI BUONO.
SIAMO NEL CORSO DELLE PROVE UFFICIALI: LUCIANO DAL BEN, DELLA SCUDERIA "MIRABELLA MILLE MIGLIA", STA AFFRONTANDO UN TRATTO PARTICOLARMENTE IMPEGNATIVO, SUBITO DOPO L'ABITATO DI OSSIMO, ED ESCE DA UNA CURVA IN EVIDENTE CONTROSTERZO TOCCANDO CON LA PARTE POSTERIORE DELLA VETTURA CONTRO IL MURETTO DI UN'ABITAZIONE...

MAURO È UN GRANDE E RIMANE IL RE, MA NOI BRESCIANI TIFIAMO PER TE!

L. Dal Ben

IN UN PRIMO ISTANTE, NON SI ACCORGE CHE L'ALETTONE POSTERIORE CON L'URTO HA CEDUTO RENDENDO COSÌ LA SUA BIPOSTO INCONTROLLABILE...

OH! MA CHE SUCCEDE! SENTO LA MACCHINA IMPROVVISAMENTE PESANTE DAVANTI...

COL PROFILO ALARE FUORI USO, ALLA BIPOSTO MANCA LA DEPORTANZA.
DAL BEN PROVA IN OGNI MODO A MANTENERE IL CONTROLLO DELLA VETTURA, MA O A SINISTRA O A DESTRA, TRA MURETTI E GUARD-RAILS, L'IMPATTO IN QUEL PUNTO È PRESSOCHÉ INEVITABILE E COSÌ ESCE ROVINOSAMENTE DI STRADA A CIRCA 200 KM ORARI!

PER IL DRIVER BRESCIANO SONO ATTIMI DI PAURA.
LA SUA CORSA FINISCE IN OSPEDALE: LA FORTE BOTTA GLI HA PROCURATO FORTI CONTUSIONI A UNA GAMBA E UN TEMPORANEO TRAUMA ALLA VISTA.

FORTUNATAMENTE SARANNO SUFFICIENTI ALCUNE SETTIMANE DI CONVALESCENZA PER RIMETTERLO IN SESTO.

MA NON È TUTTO... SUL TRACCIATO SONO APPENA TRANSITATI IRLANDO, TAMBONE E AGUZZONI. SUBITO DOPO SOPRAGGIUNGE REGOSA, CHE PRIMA DEL PONTE DI BORNO INCAPPA IN UN ERRORE.

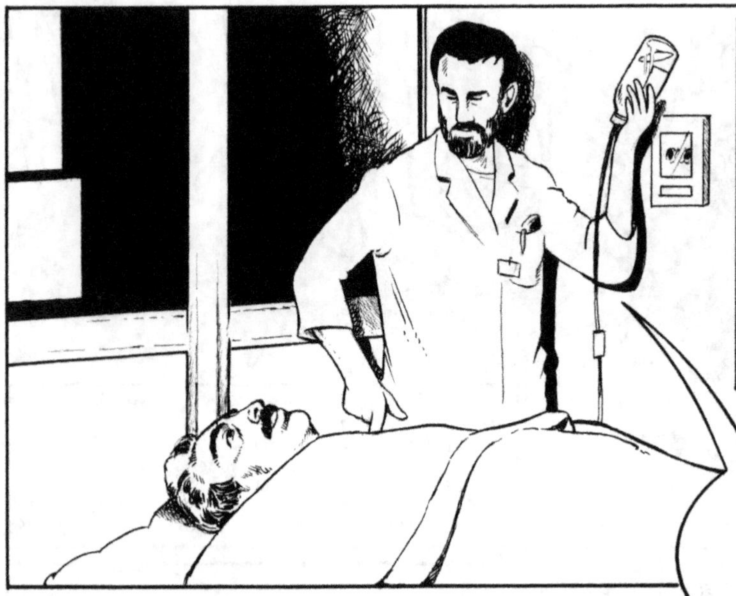

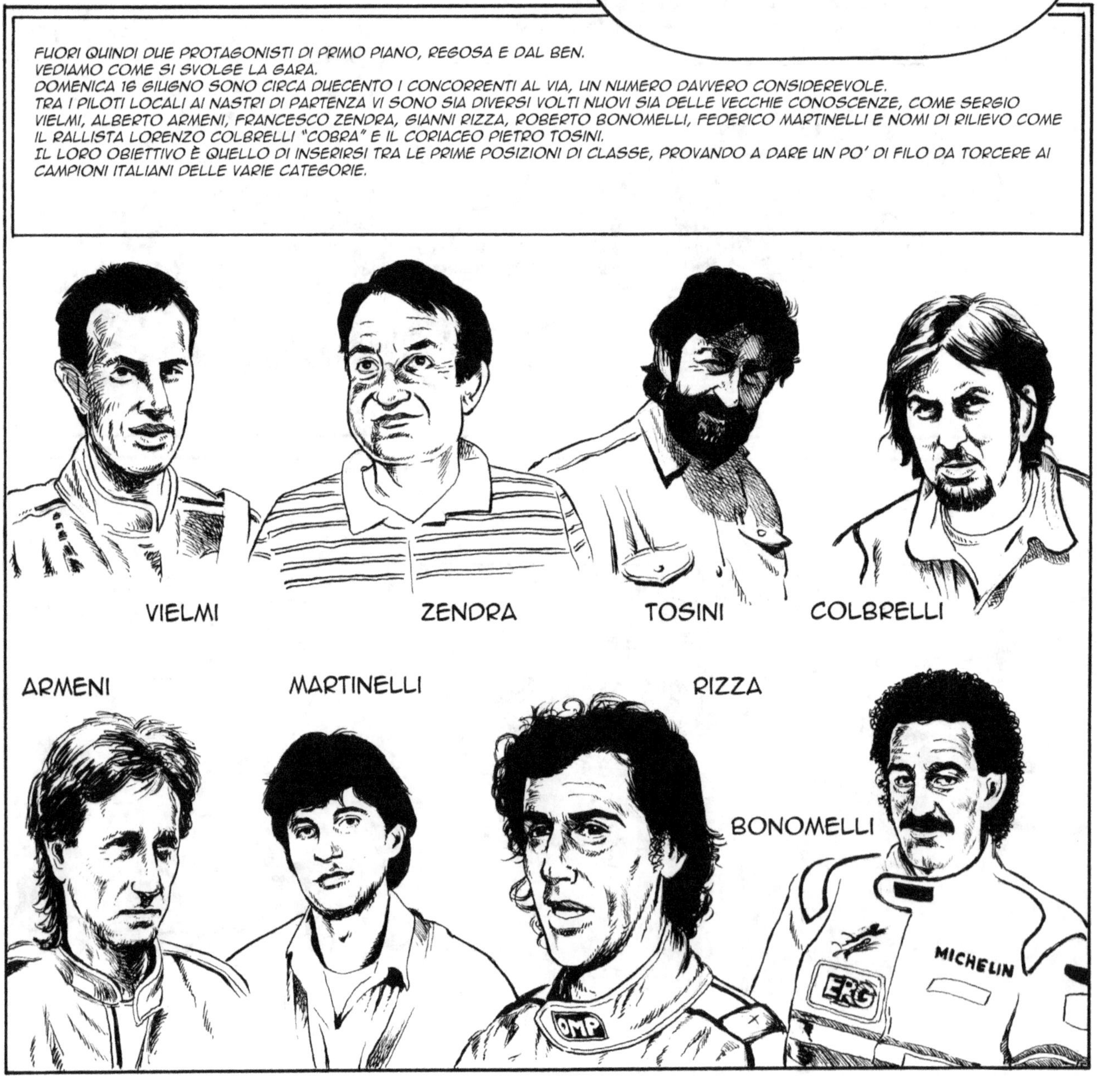

FUORI QUINDI DUE PROTAGONISTI DI PRIMO PIANO, REGOSA E DAL BEN.
VEDIAMO COME SI SVOLGE LA GARA.
DOMENICA 16 GIUGNO SONO CIRCA DUECENTO I CONCORRENTI AL VIA, UN NUMERO DAVVERO CONSIDEREVOLE.
TRA I PILOTI LOCALI AI NASTRI DI PARTENZA VI SONO SIA DIVERSI VOLTI NUOVI SIA DELLE VECCHIE CONOSCENZE, COME SERGIO VIELMI, ALBERTO ARMENI, FRANCESCO ZENDRA, GIANNI RIZZA, ROBERTO BONOMELLI, FEDERICO MARTINELLI E NOMI DI RILIEVO COME IL RALLISTA LORENZO COLBRELLI "COBRA" E IL CORIACEO PIETRO TOSINI.
IL LORO OBIETTIVO È QUELLO DI INSERIRSI TRA LE PRIME POSIZIONI DI CLASSE, PROVANDO A DARE UN PO' DI FILO DA TORCERE AI CAMPIONI ITALIANI DELLE VARIE CATEGORIE.

VIELMI   ZENDRA   TOSINI   COLBRELLI

ARMENI   MARTINELLI   RIZZA   BONOMELLI

SUL TRAGUARDO, NEL FRATTEMPO, GEORG NEUHAUSER, SU OPEL KADETT GSI, VINCE LA CLASSE N-2000 IN 5'1 4" 40 RIFILANDO BEN 7 SECONDI ALL'ALTRA KADETT GUIDATA DA MAURIZIO TOMASONI.

ORA È IL MOMENTO DELLA CLASSE N-2500: PRIMA VOLTA A MALEGNO DEL VENTIQUATTRENNE TOSCANO **FABIO DANTI** CHE, AL VOLANTE DI UNA RENAULT 5 GT TURBO, DEVE LOTTARE CONTRO 14 AVVERSARI, IL PIÙ TEMIBILE È PERICLE BIANCHI CON LA BMW M3.
FABIO METTE A SEGNO UN TEMPO STRABILIANTE: 5'03"89!
BIANCHI È STACCATO DI OLTRE UN SECONDO.

IL GRUPPO N VIVE IL SUO EPILOGO CON LA CLASSE +2500 DOVE SI ASSISTE A UNA LOTTA SERRATA TRA LE FORD SIERRA COSWORTH DI GIANFRANCO MARIOLINI, LUCA CAPPELLARI E ALBERTO NARDARI ("SUSY").
A OFFRIRE PERÒ UNO SPETTACOLO INDIMENTICABILE CI PENSA **CLAUDIO BURLOTTI**...

DOPO INNUMEREVOLI CURVE AFFRONTATE CON RABBIA E UN'ULTERIORE "TOCCATA" FUORI STRADA, ALLA FINE BURLOTTI GIUNGE QUARTO DI CLASSE, CON UN DISTACCO DA "SUSY" TUTTO SOMMATO CONTENUTO: DIECI SECONDI.
TUTTAVIA I SUOI AZZARDATI QUANTO SPETTACOLARI PASSAGGI, CON LA MACCHINA SEMPRE DI TRAVERSO A OGNI CURVA, RESTERANNO PER LUNGO TEMPO NELLA MEMORIA DEL PUBBLICO!

SPLENDIDO TEMPO DI "SUSY": 4' 41" 47!!!
MARIOLINI È SECONDO A 3" 39
E CAPPELLARI TERZO A 7" 58!
"SUSY" FA IL PIENO VINCENDO ANCHE IL GRUPPO N.

NEL GRUPPO A È LA SUZUKI SWIFT DI NAZARENO AMBROSI A DOMINARE LA CLASSE 1300 IN 5' 10" 52, MENTRE IN CLASSE 1400 LE FIAT UNO DI ANTONIO TOMASI E PIETRO ROCCO SONO STACCATE DI SOLI 73 CENTESIMI DI SECONDO.

MA VEDIAMO ORA IL PILOTA TRENTINO **FRANCESCO PERA!**
5' 01" 84, IL TEMPO DA LUI REALIZZATO CON LA SUA TOYOTA COROLLA, DAVANTI A MARCO FININGUERRA, SU ANALOGA VETTURA, E A FRANZONI, QUEST'ULTIMO COME SEMPRE A BORDO DI UN'ALFA ROMEO SPRINT

DOPO L'ARRIVO DELLA FIAT RITMO DI MARIANO TOSETTO, CHE SI AGGIUDICA
LA CLASSE A-2000, SI ENTRA NEL VIVO DELLA GARA.
IL CAMPIONE ITALIANO **MAURIZIO IACOANGELI** TORNA IN
VALLECAMONICA DOPO ALCUNI ANNI DI ASSENZA E, CON LA SUA BMW M3,
LASCIA SUBITO IL SEGNO: 4' 38" 19.
AL MOMENTO IL SUO È IL MIGLIOR TEMPO ASSOLUTO.

QUESTA VOLTA NON VA ALTRETTANTO BENE A SANTUS: IL CONTROLLO SULLA SUA
SIERRA COSWORTH SFUGGE E UN TESTACODA GLI FA PERDERE TEMPO PREZIOSO.
IL DUELLO IN CLASSE +2500 È QUINDI TRA GERMANO NATALONI E FELICE
DUCOLI, ENTRAMBI SU LANCIA DELTA INTEGRALE.
IL LAZIALE AFFRONTA IL CAMPIONATO CON LA EX LANCIA UFFICIALE, GIÀ
UTILIZZATA NEL MONDIALE RALLY DA DIDIER AURIOL. IL SUO TEMPO È DI 4'42" 01.
NON MALE, MA INSUFFICIENTE PER SOPRAVANZARE IACOANGELI.
INTANTO ANCHE **DUCOLI** PASSA SOTTO LA BANDIERA A SCACCHI...

IN UN GRUPPO B ORMAI ALL'ULTIMO ANNO DI VITA, NELLO NATALONI
(FIGLIO DI GERMANO) NON SFIGURA AFFATTO AL SUO ESORDIO A BORNO
ALLA GUIDA DELLA LANCIA DELTA S4, LA STESSA APPARTENUTA A SUO
PADRE: 4' 43" 62. CERTO, È UN TEMPO SUPERIORE A QUELLO SEGNATO
L'ANNO PRECEDENTE DAL PAPÀ, CHE PERÒ PARTECIPANDO AL TROFEO DA
ANNI SI PUÒ DIRE CONOSCA IL TRACCIATO METRO PER METRO.

ORA CI SIAMO: È IL MOMENTO DEL GRANDE DUELLO!
PARTONO I PRIMI PROTOTIPI, NESTI È CONCENTRATISSIMO...

INTANTO IL MIGLIOR TEMPO ASSOLUTO È UN 4' 19" 03,
OTTENUTO DA DEMETRIO PANZERI SU OSELLA PA-10, UN
TEMPO CHE GLI GARANTISCE IL SUCCESSO NELLA CLASSE
"SPORT NAZIONALE".

NESTI COME DA SUA ABITUDINE ACCAREZZA CON DETERMI-
NAZIONE I TORNANTI DAVANTI A UN PUBBLICO CALOROSO...

DIETRO DI LUI, A DISTANZA DI UN MINUTO, TOCCA A EZIO BARIBBI. IL CALORE DEGLI SPETTATORI È RIVOLTO ANCHE A LUI, OGGI IN SPLENDIDA FORMA!
CARO MAURO... A BORNO FACCIAMO I CONTI!...

ECCO NESTI CHE ARRIVA... PERFETTO: 3' 55" 88!!! È IL NUOVO RECORD DEL TRACCIATO!
QUESTA NUOVA OSELLA È PERFETTA! ... MA CHISSÀ EZIO CHE STA COMBINANDO PIÙ A VALLE...

...ANCHE BARIBBI GIUNGE SUL TRAGUARDO, SPARATO COME UN SASSO LANCIATO DA UNA FIONDA!
VROOA
INCREDIBILE: 3' 55" 65!!! MAI VISTO NULLA DI SIMILE QUI A BORNO... SOLAMENTE 23 CENTESIMI DI DIFFERENZA!

23 CENTESIMI, UN'INEZIA CERTO, MA BASTANO PER SANCIRE LA VITTORIA. NESTI È SCONFITTO, MA CON ONORE. FORSE OGGI È UN PO' MENO VIVACE E CIARLIERO DEL SOLITO: RIPERCORRE MENTALMENTE LA SUA SALITA PER CAPIRE SE HA SBAGLIATO QUALCOSA, MA LA SUA GARA È STATA IMPECCABILE. POI IL SUO PENSIERO CORRE AVANTI, VERSO IL GIORNO DELLA RIVINCITA...
TI HO GIÀ BATTUTO IN ALTRE OCCASIONI... E TI BATTERÒ ANCORA! MA QUESTA BELLA VITTORIA, SAI, LA VOGLIO DEDICARE AGLI AMICI GIULIO E LUCIANO, AUGURANDOGLI UNA PRONTA RIPRESA!
VEDREMO POI SE BARIBBI RIUSCIRÀ A MANTENERE FEDE AL SUO PROPOSITO DI SCONFIGGERE NUOVAMENTE L'AMICO-RIVALE.

NUOVAMENTE ISCRITTA NEL CAMPIONATO ITALIANO, LA VENTIQUATTRESIMA EDIZIONE PROMETTE SCINTILLE GIÀ SOLO SCORRENDO L'ELENCO DEGLI ISCRITTI.
IL PERFETTAMENTE RISTABILITO REGOSA DEVE FARE I CONTI NON SOLO CON I DUE ASSI NESTI E BARIBBI, MA ANCHE CON UN IRLANDO IN FASE CRESCENTE E SEMPRE PIÙ COSTANTEMENTE TRA I PRIMI ASSOLUTI.
ANCHE DANTI INIZIA A MOSTRARE OTTIME COSE AL DEBUTTO CON LE VETTURE SPORT PROTOTIPO: CON UNA LUCCHINI SE LA GIOCA IN CLASSE 3000 CONTRO GIAN MARIA CASTELLI.

DESTA CURIOSITÀ IL NUOVO PROTOTIPO **"GIADA T-118"**, PROGETTATO DALL'INGEGNERE GIOVANNI LOBARTOLO E COSTRUITO A MORDANO, NEI PRESSI DI IMOLA.
A GUIDARLA IN GARA È L'ESPERTO *IVAN BUTTI*.

IN TERRA BRESCIANA SBARCA ANCHE UNO DEI MATTATORI NELLE SALITE DEL SUD ITALIA, SI TRATTA DI *GIOVANNI CASSIBBA*.
IL PILOTA RAGUSANO FA LA SUA BREVE COMPARSA IN VALLECAMONICA, COSÌ COME A SUO TEMPO FECE GIÀ UN ALTRO MOSTRO SACRO DELLE CRONOSCALATE SICILIANE, BENNY ROSOLIA, CHE PER ALMENO UN PAIO DI LUSTRI SI ERA SPARTITO UN GRAN NUMERO DI VITTORIE ASSOLUTE CON GENTE COME DOMENICO SCOLA, ENRICO GRIMALDI E LO STESSO CASSIBBA.

SPARITO IL GRUPPO B, IL NUMERO DEI CONCOR-RENTI AL VIA È LIEVEMENTE RIDOTTO RISPETTO AGLI ANNI PRECEDENTI, MA IL LIVELLO RIMANE ALTO. OLTRE AI SOLITI FORTI CAMUNI, NEI VARI GRUPPI VI SONO I PIÙ VELOCI "DRIVERS" IN LOTTA PER IL CAM-PIONATO ITALIANO: RUDI BICCIATO, "SUSY" E FRANCESCO ABATE PER IL GRUPPO N; MENTRE PER IL GRUPPO A FRANZ TSCHAGER, ENNIO BISINELLI, LUCA CAPPELLARI, MAURIZIO IACOANGELI E L'INDOMITO GERMANO NATALONI.

C'È ANCHE UN RITORNO, QUELLO DEL MILANESE GIANNI GIUDICI, PILOTA UFFICIALE ALFA ROMEO NEL CAMPIONATO ITALIANO SUPERTURISMO, CHE CON LA STESSA VETTURA DELLA CASA DEL BISCIONE INTEN-DE DARE ULTERIORE LUSTRO ALLA GARA.

GIUDICI, COL TEMPO DI 4' 34" 24, TERMINA LA COMPETIZIONE COL 16º MIGLIOR TEMPO ASSOLUTO, PUR TUTTAVIA IL SUO NOME NON COMPARE NELLE CLASSIFICHE POICHÉ L'ASSETTO DELLA SUA ALFA 75 TURBO NON È CONFORME AI REGOLAMENTI DEL CAMPIONATO DELLA MONTAGNA.

SUL PERCORSO ABBIAMO *LUCA CAPPELLARI*, MENTRE È APPENA TRANSITATA SUL TRAGUARDO LA BMW M3 DI LUIGINO ODORIZZI: 4' 42" 45!

"SUSY" BISSA IL SUCCESSO DELLO SCORSO ANNO IN GRUPPO N E, SEMPRE SU FORD SIERRA COSWORTH, ABBASSA IL SUO PRECEDENTE RECORD A 4'39"47.

NEL GRUPPO A, NÉ IACOANGELI NÉ NATALONI RIESCONO A RIPETERE I PRECEDENTI EXPLOIT: LA VITTORIA È UN AFFARE A DUE TRA LE BMW M3 DI BISINELLI E CAPPELLARI.
QUEST'ULTIMO HA LA MEGLIO IN 4' 33" 27, AL MOMENTO È ANCHE IL MIGLIOR TEMPO ASSOLUTO.

FORZA NESTI
BARIBBI VINCI PER NOI

UN QUOTIDIANO LOCALE TITOLA: "CARO NESTI, NOI TIFIAMO BARIBBI!" IL PUBBLICO SEMBRA NON PENSARLA ESATTAMENTE ALLO STESSO MODO, PUR MANIFESTANDO PER I DUE PRIMATTORI UN TIFO OLTREMODO EQUILIBRATO...

NESTI, IL "RE", CERCA UNA RIVALSA, NON SOLO CONTRO BARIBBI MA ANCHE VERSO UNA STAGIONE FINORA PER LUI ASSAI AVARA DI SODDISFAZIONI, CON UN SOLO SUCCESSO ALLA CRONOSCALATA "BIELLA-OROPA".
È ANCORA NESTI A SALIRE PRIMA DEL PILOTA BRESCIANO E, A BEN VEDERE, SEMBRA IN GIORNATA DI GRAZIA...

CEBORA
CEBORA
Castrol
Valcamonica Corse
Forgiatura Morandini

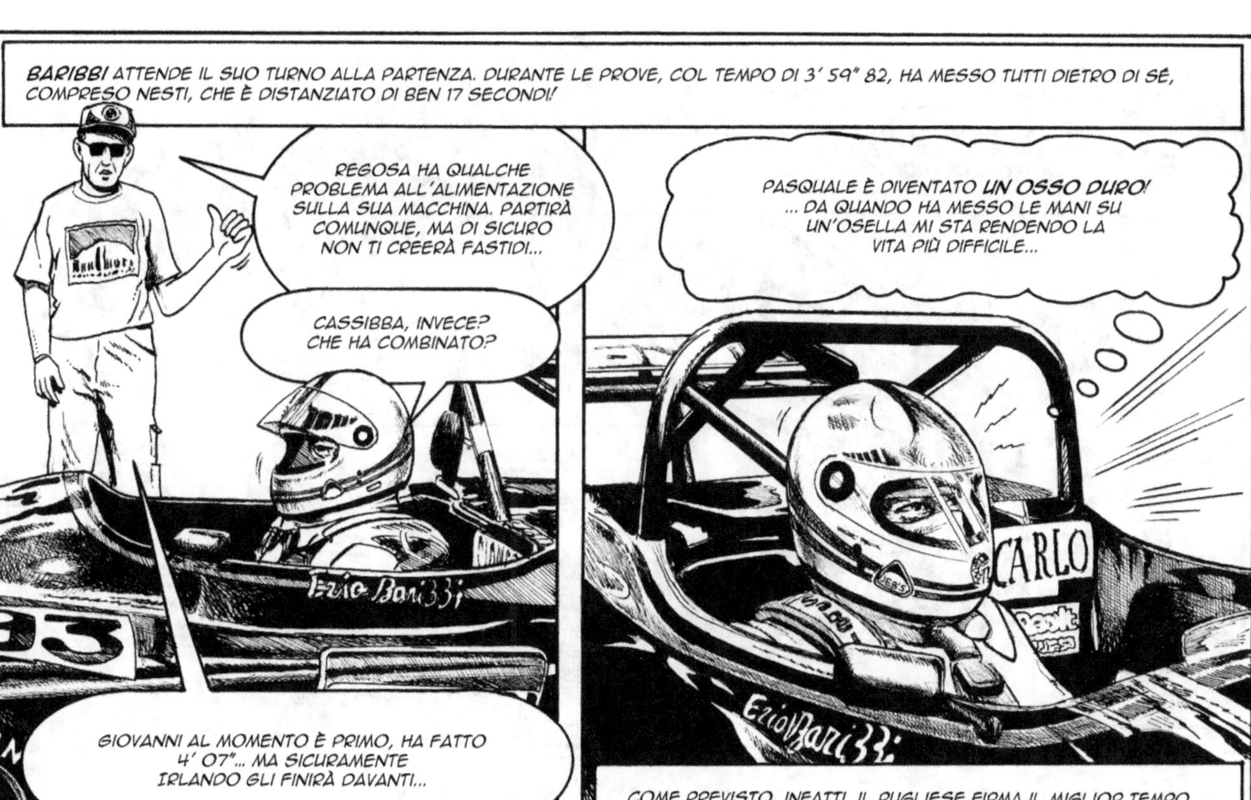

BARIBBI ATTENDE IL SUO TURNO ALLA PARTENZA. DURANTE LE PROVE, COL TEMPO DI 3' 59" 82, HA MESSO TUTTI DIETRO DI SÉ, COMPRESO NESTI, CHE È DISTANZIATO DI BEN 17 SECONDI!
REGOSA HA QUALCHE PROBLEMA ALL'ALIMENTAZIONE SULLA SUA MACCHINA. PARTIRÀ COMUNQUE, MA DI SICURO NON TI CREERÀ FASTIDI...
CASSIBBA, INVECE? CHE HA COMBINATO?
PASQUALE È DIVENTATO UN OSSO DURO! ... DA QUANDO HA MESSO LE MANI SU UN'OSELLA MI STA RENDENDO LA VITA PIÙ DIFFICILE...
GIOVANNI AL MOMENTO È PRIMO, HA FATTO 4' 07"... MA SICURAMENTE IRLANDO GLI FINIRÀ DAVANTI...
COME PREVISTO, INFATTI, IL PUGLIESE FIRMA IL MIGLIOR TEMPO ASSOLUTO: 4' 03" 45.
TEMPI E MEDIE ORARIE QUEST'ANNO SEMBRANO DISTANTI DAI RECORD: LE CONDIZIONI DELL'ASFALTO NON SONO OTTIMALI, PERALTRO PEGGIORATE DA ALCUNE TRACCE D'OLIO LASCIATE SUL TRACCIATO DA QUALCHE VETTURA INCIDENTATA NEL CORSO DELLA GARA. BARIBBI DÀ IL MEGLIO DI SÉ, ANCORA NON SA CHE NESTI HA APPENA SUPERATO IRLANDO DI 4 SECONDI COL TEMPO DI 3' 59" 36, MIGLIORANDO LA PRESTAZIONE EFFETTUATA DAL BRESCIANO NELLE PROVE, MA RIMANENDO LONTANO DAL RECORD ASSOLUTO.

3 PRIMI, 58 SECONDI E 7 CENTESIMI!
ALLA MEDIA DI OLTRE 133 CHILOMETRI ORARI SI COMPIE IL NUOVO CAPOLAVORO DI BARIBBI, CHE INFLIGGE A NESTI UN DISTACCO DI 1" 29 E RIVINCE IL TROFEO VALLECAMONICA PER LA QUINTA VOLTA.
PER IL "RE DELLA MONTAGNA" È LA CONFERMA DI UNA STAGIONE DECISAMENTE POCO FORTUNATA... E QUESTA VOLTA MOSTRA DI NON AVER PRESO AFFATTO BENE LA SCONFITTA...
CHE DIAMINE! MI FA UNA RABBIA UN DISTACCO MATURATO COSÌ!
I COMMISSARI AGITAVANO LE BANDIERE GIALLE DOVE IN REALTÀ IL PERICOLO NON C'ERA, MENTRE IN ALTRI PUNTI C'ERA PER TERRA DELL'OLIO NON SEGNALATO E HO RISCHIATO DI SBATTERE!
IRLANDO INVECE È AL SETTIMO CIELO PER AVER CONQUISTATO IL TERZO POSTO ASSOLUTO.
CHE BELLO, SONO ALLE SPALLE DEI DUE "MAESTRI", SEGNO CHE LA STRADA INTRAPRESA È QUELLA GIUSTA E PRIMA O POI ANCHE PER ME POTRÀ ESSERE LA VOLTA BUONA!

EFFETTIVAMENTE, IL 1992 È L'ANNO DELLA SUA CONSACRAZIONE: AL TERMINE DELLA STAGIONE, ALLA GUIDA DELLA SUA OSELLA PA–9/90, CON BEN OTTO VITTORIE ASSOLUTE SU DIECI PROVE, IRLANDO VINCE IL CAMPIONATO ITALIANO DELLA MONTAGNA STABILENDO ANCHE CINQUE RECORD ASSOLUTI. QUALCUNO INTANTO HA GRANDI PROGETTI PER LUI...

SIAMO COSÌ NEL 1993. LA SALERNO CORSE HA ACQUISITO UN'OTTIMA ESPERIENZA NELL'ORGANIZZARE E PROMUOVERE IL "CAMPIONATO ITALIANO VELOCITÀ MONTAGNA", CHE NELL'AMBIENTE DELLE CORSE IN SALITA È ADESSO RICONOSCIUTO CON LA DENOMINAZIONE "CIVM"...

MA C'È ANCORA MOLTO LAVORO DA FARE, TRA CUI UNA REVISIONE DI ALCUNE NORME REGOLAMENTARI. LE PROVE STAGIONALI VENGONO RIDOTTE DA QUINDICI A DODICI, CON L'OBBLIGO DA PARTE DEGLI ISCRITTI AL CAMPIONATO DI PRENDERE PARTE AD ALMENO DIECI DI ESSE PER CONCORRERE AI TITOLI TRICOLORI DI OGNI CATEGORIA. COME IN PRECEDENZA, SONO AMMESSI I GRUPPI "N" E "A", COSÌ COME I PROTOTIPI "CN" CHE DOVRANNO PERÒ MONTARE ESCLUSIVAMENTE PROPULSORI DERIVATI DA VETTURE DI PRODUZIONE DI SERIE.

MA LA NOVITÀ PIÙ IMPORTANTE, ANCHE PER INCENTIVARE IL RITORNO DELLE SQUADRE UFFICIALI DELLE CASE AUTOMOBILISTICHE ALLE GARE IN SALITA, COME ACCADEVA NEGLI ANNI '60, È L'INTRODUZIONE DELLE VETTURE PROVENIENTI DAL "CIVT" (CAMPIONATO ITALIANO VELOCITÀ TURISMO).

L'ALFA ROMEO ADERISCE CON ENTUSIASMO AL PROGETTO, SCHIERANDO ALCUNE SUE "ALFA 155 GTA" CON I PILOTI GIORGIO FRANCIA, GIANNI GIUDICI E PASQUALE IRLANDO, MENTRE SI FA STRADA L'IPOTESI DI NICOLA LARINI, GIÀ PILOTA DI FORMULA 1 (HA PRESO PARTE TRA L'ALTRO ALLE ULTIME DUE GARE DELLA STAGIONE 1992 AL VOLANTE DELLA FERRARI).

MAURO NESTI SI PRESENTA A MALEGNO CON UNA NUOVA LUCCHINI BMW 3000, CON LA QUALE INTENDE DISPUTARE IL CAMPIONATO ITALIANO ALTERNANDOLA ALLA SUA VECCHIA OSELLA.

L'ATTESO DUELLO CON BARIBBI PERÒ IMPROVVISAMENTE VIENE MENO: IL PILOTA BRESCIANO, INFATTI, PUR ISCRIVENDOSI ALLA GARA, NON FA IN TEMPO A METTERE A PUNTO LA SUA NUOVA BIPOSTO "OMS-BMW". NEPPURE REGOSA È TRA I PILOTI PRESENTI ALLO "START"...

NONOSTANTE CIÒ, VIA CON LA VENTICINQUESIMA EDIZIONE, DOMENICA 20 GIUGNO 1993!

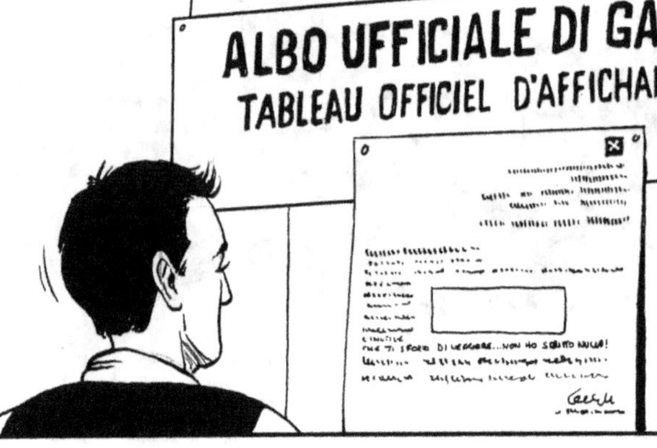

SI COMINCIA COL *TROFEO CINQUECENTO*, UN'ALTRA NOVITÀ DEL CAMPIONATO. IDEATO PER AGEVOLARE L'INGRESSO DI GIOVANI PILOTI NEL MONDO DELLE SALITE – MA ANCHE PER PROMUOVERE LA PICCOLA, NUOVA UTILITARIA DI CASA FIAT – AL "TROFEO VALLECAMONICA" VEDE LA PARTECIPAZIONE DI BEN 14 CONCORRENTI, TRA CUI UNA RAGAZZA DI BORNO, *MARIA PAOLA FRACASSI*, CHE SI METTE SUBITO IN EVIDENZA COL TEMPO DI 6' 55" 05 PIAZZANDOSI AL TERZO POSTO, DIETRO AD ANDREA BACCI, VINCITORE DEL TROFEO, E A SERGIO VIELMI.

NEL GRUPPO N IL VENETO "SUSY", SU FORD ESCORT COSWORTH, DEVE GUARDARSI DALLA FORD SIERRA 4X4 DI MIRKO SAVOLDI E DA UN ALTRO BUON NUMERO DI FORTI DRIVERS QUALI WALTER SANTUS (FORD ESCORT COSWORTH), PERICLE BIANCHI E CLAUDIO GIOBBI (ENTRAMBI SU BMW M3). ECCO *"SUSY"* AFFRONTARE IL TORNANTE DEI "DUE PONTI": VIAGGIA DA FAR PAURA!

WALTER SANTUS È STACCATO DI OLTRE 8 SECONDI. NESSUN ALTRO RIESCE AD AVVICINARSI ALLE DUE FORD ESCORT COSWORTH, IN EVIDENTE STATO DI SUPERIORITÀ: SAVOLDI E BIANCHI SONO ANCORA PIÙ LONTANI.

MA ANCHE IL GRUPPO A PROMETTE FUOCO E FIAMME: SI RIPETE LA BATTAGLIA DEL 1992, CON LE BMW M3 DI ENNIO BISINELLI E LUIGINO ODORIZZI CONTRO LUCA CAPPELLARI, QUESTA VOLTA SU LANCIA DELTA INTEGRALE...

ECCO TRANSITARE AL "DUE PONTI" ANCHE ODORIZZI, MENTRE CI COMUNICANO CHE BISINELLI È INCAPPATO IN UN TESTACODA! FRANZ TSCHAGER VINCE NEL FRATTEMPO LA CLASSE A-2000 SU VOLKSWAGEN GOLF IN 4' 50" 39 DAVANTI A FABRIZIO COLOMBI SU OPEL KADETT!

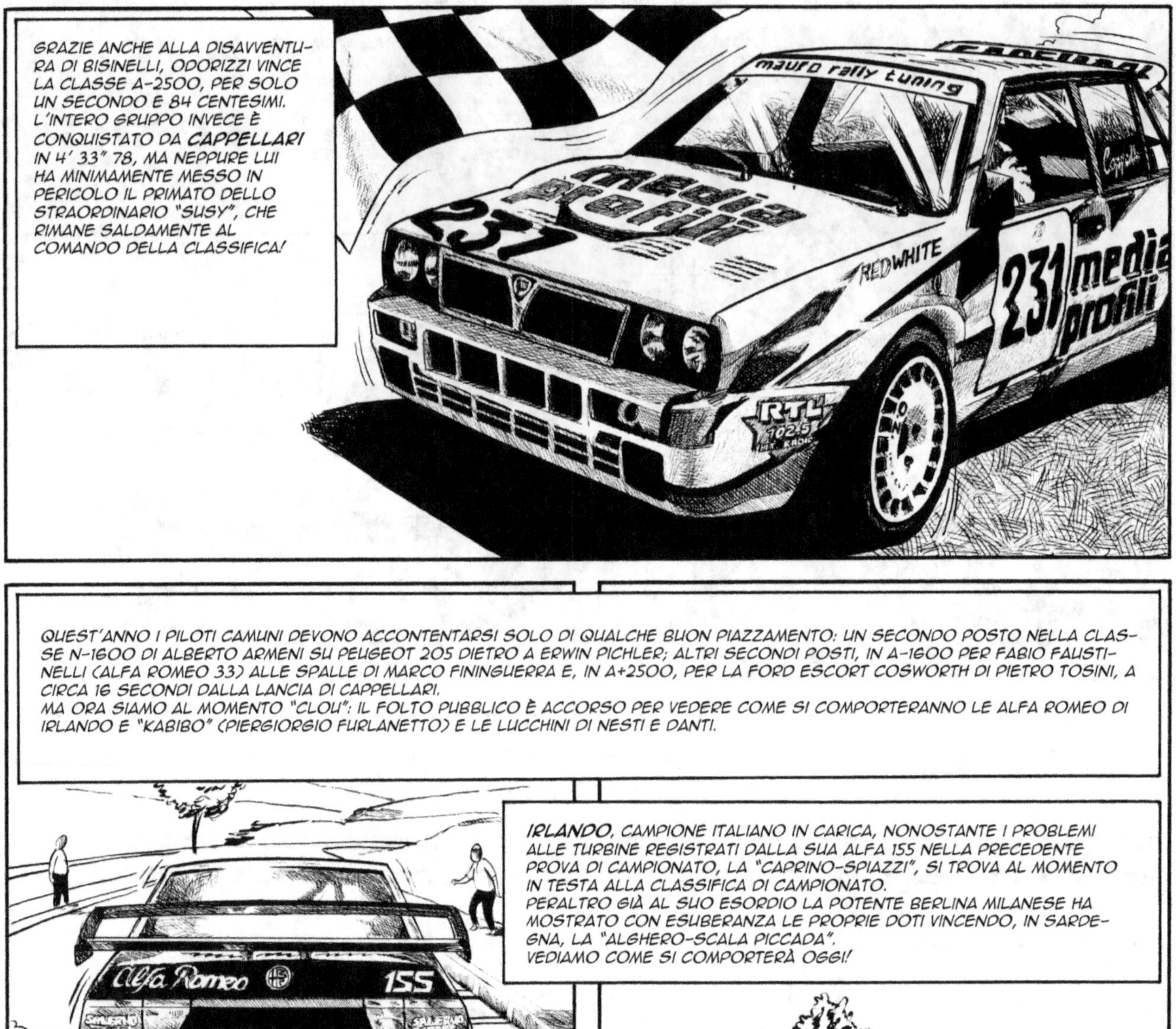

GRAZIE ANCHE ALLA DISAVVENTU-RA DI BISINELLI, ODORIZZI VINCE LA CLASSE A-2500, PER SOLO UN SECONDO E 84 CENTESIMI. L'INTERO GRUPPO INVECE È CONQUISTATO DA CAPPELLARI IN 4' 33" 78, MA NEPPURE LUI HA MINIMAMENTE MESSO IN PERICOLO IL PRIMATO DELLO STRAORDINARIO "SUSY", CHE RIMANE SALDAMENTE AL COMANDO DELLA CLASSIFICA!
mauro rally tuning
REDWHITE
231 media profili
231 media profili
RTL 102.5 RADIO

QUEST'ANNO I PILOTI CAMUNI DEVONO ACCONTENTARSI SOLO DI QUALCHE BUON PIAZZAMENTO: UN SECONDO POSTO NELLA CLAS-SE N-1600 DI ALBERTO ARMENI SU PEUGEOT 205 DIETRO A ERWIN PICHLER; ALTRI SECONDI POSTI, IN A-1600 PER FABIO FAUSTI-NELLI (ALFA ROMEO 33) ALLE SPALLE DI MARCO FININGUERRA E, IN A+2500, PER LA FORD ESCORT COSWORTH DI PIETRO TOSINI, A CIRCA 16 SECONDI DALLA LANCIA DI CAPPELLARI.
MA ORA SIAMO AL MOMENTO "CLOU": IL FOLTO PUBBLICO È ACCORSO PER VEDERE COME SI COMPORTERANNO LE ALFA ROMEO DI IRLANDO E "KABIBO" (PIERGIORGIO FURLANETTO) E LE LUCCHINI DI NESTI E DANTI.

IRLANDO, CAMPIONE ITALIANO IN CARICA, NONOSTANTE I PROBLEMI ALLE TURBINE REGISTRATI DALLA SUA ALFA 155 NELLA PRECEDENTE PROVA DI CAMPIONATO, LA "CAPRINO-SPIAZZI", SI TROVA AL MOMENTO IN TESTA ALLA CLASSIFICA DI CAMPIONATO.
PERALTRO GIÀ AL SUO ESORDIO LA POTENTE BERLINA MILANESE HA MOSTRATO CON ESUBERANZA LE PROPRIE DOTI VINCENDO, IN SARDE-GNA, LA "ALGHERO-SCALA PICCADA".
VEDIAMO COME SI COMPORTERÀ OGGI!

Alfa Romeo
155
AUTOMOBILISMO
SALERNO CORSE
SALERNO CORSE
OMEC
OMEC
TCM
VROAA
235

FORTE DELLA TRAZIONE INTEGRALE DELLA SUA "GTA" IL PILOTA PUGLIESE RIESCE NEL TRATTO INIZIALE DEL PERCORSO A MATURARE UN BUON VANTAGGIO,

MA È GIÀ SUL PERCORSO ANCHE FABIO DANTI, GRANDE RIVELAZIONE DEGLI ULTIMI ANNI E OUTSIDER D'ECCEZIONE NEL CAMPIONATO...
PRESTO LOTTERÀ ALLA PARI CON NESTI: È TROPPO FORTE!

ALL'ARRIVO "KABIBO" CON L'ALTRA ALFA 155 OTTIENE UN LUSINGHIERO, MA NON ECCEZIONALE, 4' 37" 70.
NESTI NELLA PRIMA METÀ DEL PERCORSO APPARE ORA AVVANTAGGIATO NEGLI INTERTEMPI RISPETTO A IRLANDO...
... QUALCUNO È ANDATO A MURO E HA LASCIATO NUOVAMENTE CHIAZZE D'OLIO!
STIAMO ASPETTANDO SOTTO LA BANDIERA A SCACCHI LE DUE LUCCHINI, MA ECCO: IRLANDO, MIGLIOR TEMPO! 4' 13" 20!!!

SPLENDIDA LA PRESTAZIONE DEL PILOTA ORIGINARIO DI LOCOROTONDO!
MA L'AGILITÀ DELLA SUA VETTURA DEVE SOCCOMBERE CONTRO LA MAGGIOR VELOCITÀ DELLA BIPOSTO DI NESTI, CHE SUI LUNGHI TRATTI VELOCI TRA OSSIMO E BORNO SEMBRA RECUPERARE ALLA GRANDE!
... ORA SI VA CHE È UNO SPLENDORE! CARI MIEI, DA QUESTO MOMENTO IN POI NON CE N'È PIÙ PER NESSUNO!

ALLA FINE DELL'ANNO, NESTI HA IL SOPRAVVENTO SU IRLANDO E VINCE IL CAMPIONATO, ANCHE PERCHÉ A METÀ STAGIONE SORGONO ALCUNE INCOMPRENSIONI TECNICHE TRA IL CAMPIONE PUGLIESE E LA CASA AUTOMOBILISTICA DEL "BISCIONE", CHE ADDIRITTURA INTERROMPE IL PROGETTO DELLA PARTECIPAZIONE UFFICIALE, COSTRINGENDO IRLANDO A RIPIEGARE, PER LE RIMANENTI GARE, SULLA VECCHIA OSELLA PA-9/90 AGGIORNATA AL NUOVO REGOLAMENTO.

MA ORA VEDIAMO COME CONTINUA LA BELLA E LUNGA AVVENTURA DELLA "MALEGNO-OSSIMO-BORNO"...

1994

LA NOSTRA CRONOSCALATA COMPIE I SUOI PRIMI TRENT'ANNI.
VALIDA QUALE TERZA PROVA DEL "CIVM", LA CORSA VEDE TRA I FAVORITI PIÙ O MENO GLI STESSI NOMI DELLA SCORSA EDIZIONE.
IL CAMPIONE IN CARICA MAURO NESTI HA GIÀ VINTO LE PRIME DUE COMPETIZIONI: IN APERTURA DI STAGIONE AD ALGHERO E SUBITO DOPO A CAPRINO.
MA PER IL TOSCANO CON LA SECONDA GARA È SUONATO ANCHE UN CAMPANELLO D'ALLARME: *FABIO DANTI* NELLA SALITA VERONESE L'HA SEGUITO CON SOLI 26 CENTESIMI DI SECONDO DI DISTACCO, CONFERMA EVIDENTE DI QUELL'ASCESA CHE LO STA INSERENDO DI PREPOTENZA TRA I PROTAGONISTI ASSOLUTI DELLE GARE IN SALITA.

LA CONTESA PER LA VITTORIA FINALE, AD OGNI MODO, SEMBRA NUOVAMENTE UNA QUESTIONE ESCLUSIVA PER IL DUO BARIBBI-NESTI, SEMPRE PIÙ AMICI CHE RIVALI, CHE QUI A MALEGNO PREPARANO L'ENNESIMO, STORICO DUELLO, DUELLO CHE RIPORTA ALLA MENTE LE ANTICHE SFIDE TRA I CAMPIONI DELLE QUATTRO RUOTE NEGLI ANNI '30 E '40, COME ACHILLE VARZI E TAZIO NUVOLARI.

IL RESPONSO DELLE PROVE UFFICIALI DEL SABATO SEMBRA FAVORIRE IL BRESCIANO: PRIMO ASSOLUTO E UNICO CONCORRENTE A SCENDERE SOTTO IL MURO DEI QUATTRO MINUTI. ANCHE STAVOLTA SE NE VEDRANNO DELLE BELLE!

A FARE DA TERZO INCOMODO NELLA LOTTA PER IL CAMPIONATO TRICOLORE C'È POI L'ALTOATESINO FRANZ TSCHAGER E NON MANCA NEPPURE EZIO BARIBBI CHE, CON DUE PIAZZAMENTI SUL PODIO, È TERZO NELLA CLASSIFICA GENERALE, RISPETTIVAMENTE PROPRIO DIETRO A NESTI E TSCHAGER.

ANCORA PRESENTE PURE *GIULIO REGOSA* CHE, NONOSTANTE SIA IMPEGNATO NEL CAMPIONATO EUROPEO, NON VUOL MANCARE A QUELLA CHE CONSIDERA LA GARA DI CASA, SICURO CHE PRIMA O POI RIUSCIRÀ ANCHE A VINCERLA!

ED ECCOCI NEL VIVO DELLA GARA! VEDIAMO COME STA ANDANDO IL GRUPPO N.
SI PARTE ALLA GRANDE: LA CLASSE N-1300 RAGGRUPPA BEN 25 CONCORRENTI, QUASI TUTTI ALLA GUIDA DELLE FRANCESI *PEUGEOT 205 RALLY* E CITRÖEN AX.

FINISCE INFATTI CON BEN CINQUE CONCORRENTI RACCHIUSI IN SOLI DUE SECONDI DI SCARTO: IL VINCITORE EGON SANIN SU CITRÖEN AX IN 5' 20" 48 PRECEDE RISPETTIVAMENTE NORBERTO MASCARINI, HARALD FREITAG, MASSIMO TIRABASSI E ANTON GEIER, TUTTI SU PEUGEOT 205 RALLY.

RICONFERMATO IL "TROFEO CINQUECENTO", DOVE SI SFIDANO IN QUINDICI. NELLE PROVE IL MIGLIOR TEMPO È DELLA CAMUNA ANGELA ANDREOLI, SORELLA DI ANTONIO...
MA BONOMELLI CHIUDE SECONDO, ALLE SPALLE DI PAOLO MANCINI. PER ANDREOLI INVECE, PROBLEMI AL CAMBIO.

INTANTO, GIORGIO LEONARDI SU PEUGEOT 106 XSI VINCE LA CLASSE N-1400, MENTRE NELLA N-1600 C'È BAGARRE TRA LE PEUGEOT 205 GTI DI PAUL NIEDERSTAETTER E **CHRISTIAN MERLI**.

CHRISTIAN MERLI, GIOVANE PILOTA TRENTINO DI 22 ANNI, DEBUTTA NELLE CRONOSCALATE DOPO AVER TRASCORSO LE SUE PRIME STAGIONI AGONISTICHE PILOTANDO MOTOSLITTE, VINCENDO PERALTRO IL "CAMPIONATO ITALIANO MOTOSLITTE JUNIOR" E IL "CAMPIONATO INTERNAZIONALE MOTOSLITTE ENDURO" DI CLASSE 500.

...ECCO *ROBERTO BONOMELLI*: A CONFRONTO CON TUTTI GLI ALTRI SEMBRA IL PIÙ RAPIDO...

LA CLASSE N-2000 È APPANNAGGIO DI RUDI BICCIATO, MA NELLE CLASSI SUPERIORI È UN TRIPUDIO DI FORD ESCORT COSWORTH, CON ORONZO PEZZOLLA CHE SI AGGIUDICA L'INTERO RAGGRUPPAMENTO IN 4' 41" 47 DAVANTI AD ALESSANDRO GABRIELLI E AD ANGELO BONACCORSI.
LE BMW M3 DI CLAUDIO GIOBBI (VINCITORE DELLA CLASSE N-2500) E TIZIANO ZADRA SI CLASSIFICANO DOPO LE FORD.
A OFFRIRE ANCORA PIÙ SPETTACOLO SONO I CONCORRENTI DEL "GRUPPO A": *WALTER SANTUS* SFRUTTA AL MASSIMO DEL POTENZIALE LA SUA OPEL ASTRA!

GIOVANNI REGIS SU PEUGEOT 106 HA VINTO LA CLASSE A-1400 IN 5' 10" 69, MENTRE LA A-1600 VA A FABRIZIO FATTORINI SU ALFA ROMEO 33 COL TEMPO DI 4' 59" 48!
SIAMO GIÀ INTORNO AI 100 CHILOMETRI ORARI DI MEDIA!

AUTOSPORT

SANTUS È PRIMO! FA SUA LA CLASSE A-2000, LASCIANDO DIETRO A SÉ LA VOLKSWAGEN GOLF DI ERWIN PICHLER: 4' 44" 13.
PER ORA IL MIGLIOR TEMPO ASSOLUTO RIMANE QUELLO FISSATO DA PEZZOLLA.
MA C'È GRANDE ATTESA PER ENNIO BISINELLI!

4' 36" 49 !!!

ED È PROPRIO LUI A VINCERE, SIA LA CLASSE A-2500 SIA IL GRUPPO STESSO, CON UN TEMPO STRAORDINARIO: 4' 32" 30, SOPRAVANZANDO ADDIRITTURA LUCA CAPPELLARI CON LA PIÙ POTENTE LANCIA DELTA INTEGRALE!
SFILA ORA LA ALFA ROMEO 155 GTA DELL'INTRAMONTABILE "KABIBO"...

LA VETTURA MILANESE FUNGE QUASI DA "APRIPISTA" PER LA SALITA DEI PROTOTIPI CN.
SIAMO ALL'ATTESO DUELLO INSCENATO DAI DUE ATTORI PRINCIPALI, CHE SI PREANNUNCIA DI RARA INTENSITÀ.
PER PRIMO SCATTA DAL VIA NESTI, CHE SPINGE A FONDO SUL GAS E APPARE PERFETTO IN OGNI SUO PASSAGGIO!

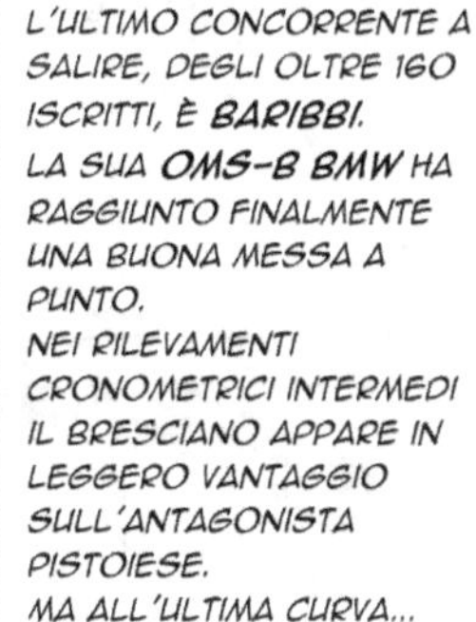

ATTENZIONE! È TRANSITATO ORA DAL TRAGUARDO FABIO DANTI CON LA SUA LUCCHINI: 4' 01" 17!
NON CE L'HA FATTA A SCENDERE SOTTO IL MURO DEI QUATTRO PRIMI, MA SUPERA COMUNQUE IRLANDO E CONQUISTA IL MIGLIOR TEMPO PROVVISORIO!

CEBORA
ORAMA

L'ULTIMO CONCORRENTE A SALIRE, DEGLI OLTRE 160 ISCRITTI, È BARIBBI.
LA SUA OMS-B BMW HA RAGGIUNTO FINALMENTE UNA BUONA MESSA A PUNTO.
NEI RILEVAMENTI CRONOMETRICI INTERMEDI IL BRESCIANO APPARE IN LEGGERO VANTAGGIO SULL'ANTAGONISTA PISTOIESE.
MA ALL'ULTIMA CURVA...

GROAAN
speedline
LUXOTTICA
AVON
MALEDIZIONE! MI È USCITA UNA MARCIA!!!

LA GARA SEMBRA A UNA SVOLTA: NESTI HA TAGLIATO IL TRAGUARDO SEGNANDO UN TEMPO VICINO AL RECORD, 3' 56" 72, ALLA MEDIA DI 134 CHILOMETRI L'ORA.
ENTUSIASMO DEL PUBBLICO, CHE ATTENDE IMPAZIENTE ANCHE L'ARRIVO DI BARIBBI...
... ECCOLO! ... ECCOLO!!!

speedline
LUXOTTICA
speedline
AVON
VROAAAA

UN GRANDE BARIBBI: 3' 57" 39...
INCREDIBILE!!!
UN BATTITO DI CIGLIA SEPARA I DUE CONCORRENTI:
67 CENTESIMI DI SECONDO!
ENTUSIASMANTE, COINVOLGENTE, STRAORDINARIO,
DAVVERO UN CONFRONTO D'ALTA SCUOLA!

I DUE SI RITROVANO AL "PARCO CHIUSO" E DAVANTI AL PUBBLICO DIMOSTRANO CHE LA RIVALITÀ ESISTE SOLAMENTE IN PISTA. NESTI HA RIVINTO PER LA DECIMA VOLTA IL "TROFEO VALLECAMONICA", MA ALLA FINE MATURA LA DECISIONE DI SOSPENDERE LA SUA PARTECIPAZIONE AL "CIVM" CHE COSÌ VIENE CONQUISTATO DA FABIO DANTI.

CHISSÀ SE ANCHE IL PROSSIMO ANNO RIVEDREMO LE AVVINCENTI BATTAGLIE TRA EZIO E MAURO!

1995

COLPO DI SCENA IN VALLECAMONICA:
LA CRONOSCALATA "PIANCAMUNO-MONTECAMPIONE", NATA NEL 1985 E IN BREVE TEMPO DIVENUTA UNA DELLE PIÙ IMPORTANTI GARE IN SALITA NAZIONALI, DOPO UNA VELOCE ESCALATION CULMINATA CON LA PROMOZIONE A GARA DI CAMPIONATO EUROPEO, INCONTRA IMPROVVISAMENTE SERIE DIFFICOLTÀ ORGANIZZATIVE.

TANT'È CHE, ALMENO PER QUEST'ANNO, NON SI SVOLGERÀ. LA TITOLAZIONE CONTINENTALE VIENE COSÌ ASSEGNATA A SORPRESA ALLA "MALEGNO-OSSIMO-BORNO"!

DOPO ANNI DI AMBIZIONI, SPERANZE, PROMESSE E ILLUSIONI, GLI ORGANIZZATORI DELLA GARA CAMUNA NON SI LASCIANO SFUGGIRE L'OCCASIONE DI DARE AD ESSA MAGGIOR PRESTIGIO.
CON IL PASSAGGIO DI GRADO AI FINI DELLA VALIDITÀ DI CAMPIONATO VENGONO INTRODOTTE ULTERIORI IMPORTANTI NOVITÀ.
DA QUEST'ANNO, INFATTI, LA COMPETIZIONE SI ARTICOLA SU DUE SESSIONI CRONOMETRATE, E IL RISULTATO FINALE È IL FRUTTO DELLA SOMMA DEI TEMPI.

PER QUESTO MOTIVO ANCHE L'ORARIO DI PARTENZA DELLA GARA VIENE ANTICIPATO DI QUALCHE ORA: FINO A TUTTI GLI ANNI '80, LO START ALLA PRIMA VETTURA VENIVA DATO NEL PRIMO POMERIGGIO;
NELLE EDIZIONI PIÙ RECENTI SI ERA PREFERITO INIZIARE PRIMA DI MEZZOGIORNO, MA ORA LA NUOVA FORMULA CON DUE MANCHES IMPONE DI INIZIARE ALLE 9:00 DI MATTINA.

LASSRUNG
284
AVON

TORNANO IN GIOCO I VECCHI PROTOTIPI "SPORT C3", ANCORA CONFORMI AL REGOLAMENTO PER LE COMPETIZIONI EUROPEE E RICOMPAIONO ANCHE LE AUTO STORICHE, IN UNA GARA A SÉ STANTE VALIDA PER LA "COPPA CSAI".
LA PARTECIPAZIONE DEI CONCORRENTI È IMPONENTE: TRA AUTO STORICHE E VETTURE MODERNE SI CONTANO CIRCA 300 ISCRITTI!

PER L'OCCASIONE, FANNO DA APRIPISTA ALCUNE VECCHIE MONOPOSTO DI FORMULA 1, COME LE MARCH E LE BMS-LUCCHINI DELLA SCUDERIA ITALIA.

DOMENICA 16 LUGLIO 1995: PRENDE IL VIA LA PRIMA AUTO STORICA!
SI TRATTA DELLA **RENAULT 4CV** DEL SESSANTACINQUENNE MILANESE **PAOLO CARLO BRAMBILLA.**

VIENE MENO LA NUOVA SFIDA TRA NESTI E BARIBBI. QUEST'ULTIMO, PRESENTE NELL'ELENCO DEGLI ISCRITTI, NON SI PRESENTA AL VIA: LA SUA NUOVA OMS 3000, BIPOSTO TECNOLOGICAMENTE INNOVATIVA, PAGA LO SCOTTO DI UNA MESSA A PUNTO ANCORA APPROSSIMATIVA E QUINDI NON È ANCORA PRONTA PER GAREGGIARE.

NON VA MEGLIO AL PILOTA TOSCANO: DURANTE LE PROVE, A CENTO METRI DALLA PARTENZA, SI ROMPE LA POMPA DELL'ACQUA DELLA SUA LUCCHINI-BMW; IL LIQUIDO FINISCE SOTTO I PNEUMATICI E IL PROTOTIPO PARTE PER LA TANGENTE...

IN GARA È SUBITO CLIMA DA COLTELLO TRA I DENTI NEL "TROFEO CINQUECENTO", COL FAVORITO GIOACCHINO BONGIOVANNI CHE SI DIFENDE DAGLI AGGUERRITI ARCANGELO CRESCENZA E **MARIA PAOLA FRACASSI.**

IL TROFEO SI SVOLGE SU UNA SOLA SALITA. BONGIOVANNI, VINCITORE ANCHE AD ALGHERO E CAPRINO, SI CONFERMA ANCHE A BORNO IN 5' 55" 22 CON CRESCENZA E FRACASSI SUBITO ALLE SUE SPALLE.
LA RAGAZZA ESTERNA IL SUO DISAPPUNTO...

NEL "GRUPPO N" SONO SFILATE VIA VIA LE NUMEROSE
PEUGEOT 205, CON LE VITTORIE DI STEFANO ZUECH IN
CLASSE A-1300, COL TEMPO TOTALE DI 11' 08" 28, E
CHRISTIAN MERLI, CHE BISSA IL SUO SUCCESSO IN CLASSE
N-1600 CON 10' 32" 48.
LA BATTAGLIA PER LA VITTORIA DEL GRUPPO È TRA WALTER
SANTUS, ORONZO PEZZOLLA, CLAUDIO GIOBBI E CASIMIRO
BARBIERI.

...ED È ANCORA *SANTUS* A ENTUSIASMARCI,
CON QUESTO SPLENDIDO TEMPO TOTALE DI
9' 25" 06
OTTENUTO CON LA FORD ESCORT COSWORTH,
DAVANTI A CLAUDIO BURLOTTI DI SOLI 1" 47!

A CERCAR DI MESCOLARE LE CARTE IN TAVOLA CI PROVA LA
PIOGGIA, TRA LA PRIMA E LA SECONDA MANCHE, MA DURA
POCO E NON RIESCE MINIMAMENTE A INFASTIDIRE.

PUR ESSENDO LA PRIMA EDIZIONE CON VALIDITÀ CONTINENTALE,
I PILOTI STRANIERI PRESENTI SONO IN REALTÀ BEN POCHI.
TRA QUESTI, NEL "GRUPPO A", GAREGGIA IL CECO TRENTASEIENNE
OTAKAR KRAMSKY SU BMW M3-EVO, TEMUTISSIMO
DAGLI AVVERSARI MAURIZIO IACOANGELI ED ERWIN PICHLER.

AVANZANDO DI CATEGORIA, NELLA A-1600 LA SFIDA TRA LE ALFA ROMEO 33 DI FAUSTINELLI E ZANIN SI RISOLVE A FAVORE DI QUEST'ULTIMO, CHE CON 9' 57" 91 RIFILA BEN 10 SECONDI AL FORTE DRIVER BRENESE.
ANCORA PIÙ AMPI I DISTACCHI IN A-2000: SONO INFATTI BEN 31 I SECONDI CHE SEPARANO DIEGO GIRELLI, SU OPEL ASTRA GSI, E IL VINCITORE, ALESSANDRO GABRIELLI, SU RENAULT CLIO MAXI.

IN CLASSE A-1300, ARMIN BRUNNER, SU SUZUKI SWIFT GTI, HA
LA MEGLIO SU VITTORIO DI GIACOMO IN 10' 04" 97.

SEGUIAMO ORA I PIÙ ATTESI CONCORRENTI DI QUESTO
"GRUPPO A": *ERWIN PICHLER*!

LA SUA BMW M3 È GIÀ OLTRE IL BIVIO DI OSSIMO, MENTRE
PIÙ A VALLE STANNO TRANSITANDO LE ALTRE VETTURE
TEUTONICHE DI PIERANGELO INVERARDI E PERICLE BIANCHI.
IACOANGELI STA ATTENDENDO IL CONTO ALLA ROVESCIA
ALLO START...

ALL'ARRIVO PICHLER OTTIENE AL MOMENTO IL MIGLIOR
TEMPO ASSOLUTO...

... MA IACOANGELI, ARRIVATO POCO DOPO SOTTO LA BANDIERA A
SCACCHI, LO SCAVALCA IN CLASSIFICA DI OLTRE 3 SECONDI!

ANCHE **KRAMSKY** MOSTRA SUBITO AL PUBBLICO DI CHE PASTA È FATTO! DOPO UNA PRIMA MANCHE DA BRIVIDI, ECCO CHE SI SCATENA COME UNA MACCHINA DA GUERRA DURANTE LA SECONDA!

8' 54" 34!
STUPENDO MIGLIOR TEMPO PER L'ASSO DELLA REPUBBLICA CECA CHE VINCE IL "GRUPPO A" E PASSA PROVVISORIAMENTE AL COMANDO!

AI PILOTI PROVENIENTI DALLA VALLECAMONICA, PUR GIOCANDO SULLE CONOSCIUTE STRADE DI CASA RIMANGONO LE BRICIOLE. SOLO QUALCHE ONOREVOLE PIAZZAMENTO DI CLASSE.

ATTENZIONE ORA AI RAPPRESENTANTI DELLA CATEGORIA "SPORT PROTOTIPI".
L'IMMANCABILE **GIULIO REGOSA** FA CIÒ CHE PUÒ CON LA SUA RE-BO BMW.
LA VETTURA INFATTI, POCHI GIORNI PRIMA, ALLA "RIETI-TERMINILLO", È RIMASTA DANNEGGIATA ED È STATA RIMESSA IN SESTO A TEMPO DI RECORD!

PASQUALE IRLANDO STA ATTRAVERSANDO UNO STATO DI FORMA IMPRESSIONANTE, AVENDO CONQUISTATO TRE VITTORIE CONSECUTIVE NELLE PRIME TRE PROVE DI CAMPIONATO ITALIANO. ECCOLO AL MOMENTO DEL VIA CON LA SUA *OSELLA PA-20S!*

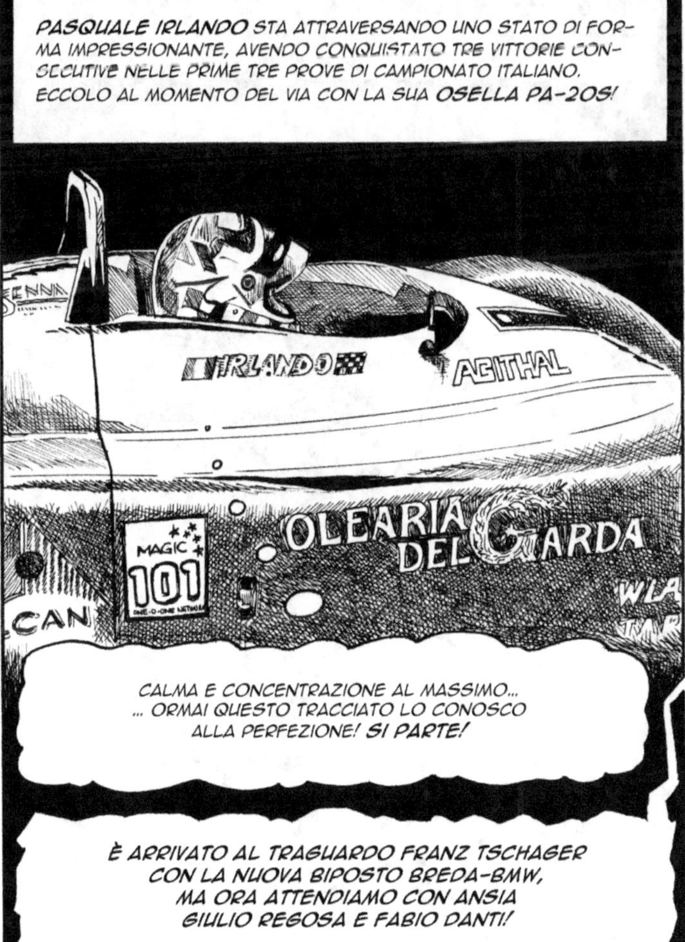

CALMA E CONCENTRAZIONE AL MASSIMO...
... ORMAI QUESTO TRACCIATO LO CONOSCO ALLA PERFEZIONE! *SI PARTE!*

È ARRIVATO AL TRAGUARDO FRANZ TSCHAGER CON LA NUOVA BIPOSTO BREDA-BMW, MA ORA ATTENDIAMO CON ANSIA GIULIO REGOSA E FABIO DANTI!

MAURO NESTI, INVECE, NON RIESCE DURANTE LA NOTTE A RIPARARE PER TEMPO LA SUA VETTURA E DEVE QUINDI RINUNCIARE A DISPUTARE LA GARA.
AVVIO DI STAGIONE NEGATIVO IL SUO.
IL NUOVO MODELLO DI LUCCHINI-BMW È ANCORA PIÙ VELOCE DI QUELLO UTILIZZATO NELLE STAGIONI PASSATE, TUTTAVIA NON RIESCE MAI A CONCRETIZZARE IL PROPRIO POTENZIALE A CAUSA DI MILLE PROBLEMI: UN'USCITA DI STRADA NELLA SALITA DI ALGHERO, NOIE MECCANICHE SIA ALLA GARA DI LEVICO, IN TRENTINO, SIA IN FRIULI ALLA "CIVIDALE-CASTELMONTE".
VA UN PO' MEGLIO ALLA "RIETI-TERMINILLO", DOVE GIUNGE SECONDO ASSOLUTO, MA SEMBRA DAVVERO UN'ANNATA STORTA...

NAPPI CHIUDE, MALGRADO TUTTO, COL MOMENTANEO MIGLIOR TEMPO: 7' 54" 98.

REGOSA È FINITO A OLTRE 11 SECONDI, MA GUIDA UN PROTOTIPO "C3" ORMAI OBSOLETO.

SI RITIRA MIRKO SAVOLDI CON LA SUA BREDA-ALFA ROMEO, QUINDI VIA LIBERA A IVAN BUTTI CHE VINCE LA CLASSE P-2 SU PROTOTIPO SIGHINOLFI.

IL CAMPIONE ITALIANO IN CARICA, FABIO DANTI, È IN DIFFICOLTÀ, ANCHE PER LUI L'INIZIO DELLA STAGIONE È STATO CONTRASSEGNATO DALLA SFORTUNA. QUI A BORNO, DOPO AVER ACCUSATO UN DISTACCO DI 4" 91 DA IRLANDO NELLA PRIMA MANCHE, È COSTRETTO AL RITIRO NELLA SECONDA.

7' 46" 47!!!
MIGLIOR TEMPO PER PASQUALE IRLANDO, COL RECORD DI MANCHE 3' 51" 31 STABILITO NELLA PRIMA SALITA. QUARTA VITTORIA CONSECUTIVA PER LUI IN QUESTA STAGIONE!

DOPO BORNO LA STAGIONE PROSEGUE CON LE GARE SUCCESSIVE IN FRIULI, TOSCANA, PUGLIA, VENETO E SICILIA.
A DANTI VIENE FATTA UN'INTERESSANTE PROPOSTA PER IL PROSSIMO ANNO.
VEDREMO QUINDI CHE COSA CI RISERVERÀ IL 1996...

1996

DOMENICA 14 LUGLIO, VENTOTTESIMA EDIZIONE.
ANCHE QUEST'ANNO IRLANDO, NUOVO CAMPIONE ITALIANO, HA INIZIATO LA STAGIONE BENE CON UN TRIS DI SUCCESSI E SI RIPRESENTA A MALEGNO SALDAMENTE AL COMANDO DELLA CLASSIFICA GENERALE.
APPARENTEMENTE, L'UNICO CHE PUÒ INFASTIDIRLO È FABIO DANTI, CAMPIONE EUROPEO IN CARICA, SCHIERATO CON LA NUOVA OSELLA-RANDLINGER.
IN LIZZA PER IL "CAMPIONATO EUROPEO MONTAGNA", DA QUALCHE TEMPO RIBATTEZZATO "CEM", ABBIAMO REGOSA - ANCORA CON LA RE-BO BMW - E IL TEDESCO RUDIGER FAUSTMANN SU BIPOSTO PROTOTIPO "FAUST F-94 C3".

NEL "TROFEO CINQUECENTO" A TRIONFARE È GIOACCHINO BONGIO-VANNI, CON UN TEMPO DI 5' 52" 02, MA LA CATEGORIA PERÒ SI STA ORMAI FISIOLOGICAMENTE ESAURENDO E GLI ISCRITTI SONO DAVVERO POCHI.

REGISTRA INVECE UN SENSIBILE AUMENTO DEI PARTECIPANTI IL GRUPPO DEI PROTOTIPI: OLTRE TRENTA GLI ISCRITTI!

TRA LE VECCHIE CONOSCENZE DELLE SALITE COME AGUZZONI, BIASIOLI E CALICETI, SI RIVEDE ANCHE L'INTRAMONTABILE **ADRIANO PARLAMENTO**.
LA SUA VETTURA, UNA "MARCH SPORT", BENCHÉ COSTANTEMENTE AGGIORNATA NEL TEMPO, COMPETE NELLE CRONOSCALATE EUROPEE, RELEGATA NEL GRUPPO "C3", DA OLTRE VENT'ANNI.

IL "GRUPPO N" RISERVA DELLE SORPRESE!
INIZIA GIOVANNI CAPITANIO, VINCENDO LA CLASSE N-1300 SU PEUGEOT 205 RALLY IN 10' 39" 29, MIGLIOR TEMPO SUBITO ABBASSATO DA GIANNI MARCHIOL CHE, IN 10' 16" 46, PORTA LA SUA HONDA CIVIC A VINCERE A BORNO LA CLASSE N-1600.
IN N-2000 INVECE È RAIMONDO SALDI, SU OPEL ASTRA GSI, AD AVERE LA MEGLIO SU EGON SANIN CON 9' 57" 61.
GIOVANNI DI FANT AFFRONTA IL TORNANTE "DUE PONTI" CON LA **FORD ESCORT COSWORTH**...

CLAUDIO GIOBBI SU BMW M3 VINCE LA N-2500 IN 9' 35" 10 PRECEDENDO CASIMIRO BARBIERI.
MENTRE SALGONO LE ULTIME FORD ESCORT PER LA CLASSE N+3000, RUDI BICCIATO OTTIENE LA MIGLIOR SOMMA TEMPI DELLE DUE MANCHES CON 9' 24" 16 E SCAVALCA DI FANT PER 1" 30.
ECCO ORA IL CECO **TOMAS VAVRINEC**!

NULLA DA FARE, NÉ PER LUI NÉ PER BICCIATO: A VINCERE IL "GRUPPO N" È IL FRANCESE **BRUNO HOUZELOT**, SEMPRE SU FORD ESCORT COSWORTH, IN 9' 23" 66!

GLI SPORTIVI PRESENTI AD ASSISTERE LA GARA SUL TRACCIATO RICEVONO QUALCHE DELUSIONE: EZIO BARIBBI, CHE IN PROVA AVEVA AVUTO DELLE NOIE MECCANICHE, NON RIESCE A PRENDERE IL VIA.
MAURO NESTI, CHE SEMPRE SABATO AVEVA OTTENUTO IL SECONDO MIGLIOR TEMPO, HA DEI PROBLEMI AL CAMBIO NELLA PRIMA MANCHE.

... MA VEDIAMO ORA COME PROCEDE IL "GRUPPO A", COMBATTUTISSIMO TRA I FORTI KRAMSKY E BIANCHI, MA CHE VEDE L'INSERIMENTO NELLA LOTTA PER LA VITTORIA ANCHE DI ALTRI DUE FORTI PILOTI CECHI: NIKO PULIC E PETR VOJACEK.
PULIC SU LANCIA DELTA HF INTEGRALE FA SUA LA CLASSE A+3000 IN 9' 19" 87 TOTALI!
COSA?! EHI, MA CHE DIAVOLO...
GUARDATE! STA ARRIVANDO UNA RUOTA DA SOLA!!!
DUNLOP
PULIC
BAVARIA BIER

È LO PNEUMATICO ANTERIORE SINISTRO DELLA LANCIA DELTA HF DI FELICE DUCOLI CHE, SFILATOSI IMPROVVISAMENTE, PRECEDE DI QUALCHE SECONDO IL PILOTA BRENESE!
GARA DAVVERO SFORTUNATA PER LUI...
STAC...
MENO MALE CHE HO APPENA SUPERATO IL RETTIFILO DEL BIVIO DI LOZIO! ALMENO SON RIUSCITO A RALLENTARE QUEL TANTO CHE BASTA PER NON FARSI MALE!
ARS NOVA
Forgiatura Morandini
238

AL TRAGUARDO TRANSITA LA BMW M3 DI KRAMSKY E NON CE N'È PIÙ PER NESSUNO: 9' 07" 94! NON È UN TEMPO ECCEZIONALE COME QUELLO DELLO SCORSO ANNO, MA È SUFFICIENTE PER VINCERE IL "GRUPPO A" E PASSARE MOMENTANEAMENTE AL COMANDO.
MA VEDIAMO SE DANTI RIESCE A DAR SEGUITO AI SUOI PROPOSITI DI SUCCESSO: ECCOLO NEL GRUPPO "SUPERSALITA" CON LA PICCOLA E AGILE SKODA FELICIA!
VROOAA
RTENZA
LLECAMONICA

VINCE BRILLANTEMENTE LA "CLASSE 1", IN 9' 21" 57!
MA, COME BEN SAPPIAMO, FABIO DANTI È IN CORSA ANCHE PER IL CAM-
PIONATO EUROPEO...
... SI RIDISCENDE A MALEGNO!
FORZA, CHE GIÀ TRA DIECI MINUTI MI DEVO INCOLONNARE
ALLA PARTENZA CON L'OSELLA!
OTTO SALITE E SEI TRASFERIMENTI IN ELICOTTERO IN DUE GIORNI...
UN VERO "TOUR DE FORCE"... MA ORA
DEVO ASSOLUTAMENTE BATTERE RUDIGER FAUSTMANN!

FRATTANTO, KRAMSKY VIENE SCAVALCATO DALLE
POTENTI SUPERSALITA DELLA "CLASSE 3":
DAPPRIMA LA LANCIA DELTA DI CAPPELLARI;
A SEGUIRE LE ALFA ROMEO 155 DI
ANTONINO LA VECCHIA E GIANNI GIUDICI.
QUEST'ULTIMO, IN 8' 40" 13 SI PORTA AL PRIMO
POSTO PROVVISORIO NELLA GRADUATORIA
ASSOLUTA.
FABIO, STAI GIÙ: C'È IL
ROTORE ANCORA IN MOVIMENTO!

IL TEDESCO IN EFFETTI VIAGGIA MOLTO FORTE: CON LA SUA FAUST C94
BMW OTTIENE IL TEMPO TOTALE DI 7' 58" 45, VINCENDO LA CLASSE
2500 DEI PROTOTIPI "C3" E PORTANDOSI AL COMANDO DAVANTI A
REGOSA.

MA... SORPRESA!
UNA NUOVA, INTERESSANTE VETTURA, LA BREDA BMW DELLA "SCUDERIA DOLOMITI",
RIMESCOLA LE CARTE IN TAVOLA. È GUIDATA DA FRANZ TSCHAGER, CHE CON UNA
PRESTAZIONE ECCELLENTE IN 7' 51" 37 SUPERA DI NETTO FAUSTMANN RIFILANDOGLI LA
BELLEZZA DI SETTE SECONDI DI DISTACCO!
...NON È FINITA! SENTIAMO ARRIVARE IN LONTANANZA IL ROMBO
DELL'OSELLA DI IRLANDO, MENTRE ANCHE DANTI SI TROVA
A METÀ PERCORSO.
SARÀ UNA GARA PIENA DI COLPI DI SCENA, AMICI!
LA MACCHINA È
MOLTO VALIDA, MA
ANDRÀ ULTERIORMENTE
SVILUPPATA PER FARLE
ESPRIMERE TUTTO IL
POTENZIALE!

IRLANDO NELLA PRIMA MANCHE HA GIÀ RITOCCATO IL RECORD DELLO SCORSO ANNO, MA SUBITO DOPO DANTI LO ABBATTE NUOVAMENTE DI UN'ENORMITÀ: BEN QUATTRO SECONDI! IL PILOTA PUGLIESE SEMBRA ACCUSARE IL COLPO: CONVINTO DI AVER DATO IL MASSIMO GIÀ NELLA PRIMA FRAZIONE DI GARA, SEMBRA QUASI VOLER RINUNCIARE AD ATTACCARE. INFATTI, NELLA SECONDA SALITA, PASSA SOTTO LA BANDIERA A SCACCHI IN 3' 53" 01, UN TEMPO PIÙ ALTO RISPETTO A QUELLO DELL'ULTIMA EDIZIONE CHE TUTTAVIA GLI È SUFFICIENTE PER PORTARSI IN CIMA ALLA CLASSIFICA. CON UN TOTALE DI 7' 43" 76 PASSA DAVANTI A TSCHAGER DI OLTRE SETTE SECONDI!

VISTA LA SITUAZIONE, DANTI ORA HA CAPITO CHE PER LUI È SUFFICIENTE GUIDARE SENZA COMMETTERE ERRORI...

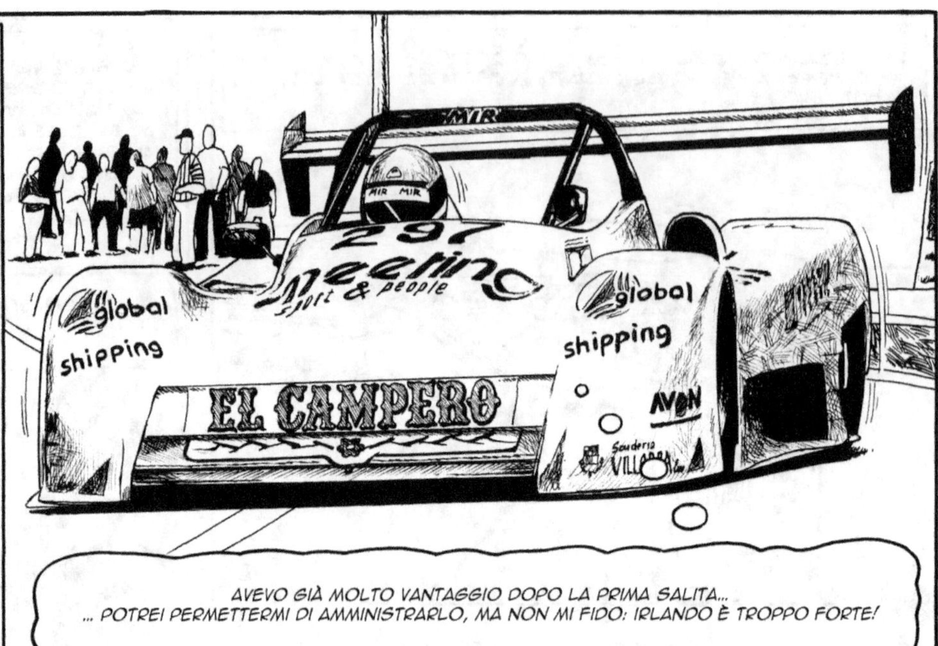

AVEVO GIÀ MOLTO VANTAGGIO DOPO LA PRIMA SALITA...
... POTREI PERMETTERMI DI AMMINISTRARLO, MA NON MI FIDO: IRLANDO È TROPPO FORTE!

DISAVVENTURE PER MIRKO SAVOLDI E MAURO NESTI, CON UN'USCITA DI STRADA PER ENTRAMBI. PER IL PILOTA BRESCIANO VETTURA KO; IL PLURICAMPIONE PISTOIESE RIESCE INVECE A RIAVVIARE LA SUA LUCCHINI-BMW E A CONCLUDERE LA GARA, RIMANENDO PERÒ MOLTO ATTARDATO IN CLASSIFICA. ALLA FINE È DECIMO ASSOLUTO.
ECCO L'ARRIVO DI *DANTI*! FANTASTICO, È ANCORA RECORD: 7' 34" 82!
IL VANTAGGIO SU IRLANDO È PESANTISSIMO, QUASI 9 SECONDI!

ECCEZIONALE IMPRESA DEL GIOVANE TOSCANO, CHE QUEST'ANNO SUPERA SÈ STESSO! SIAMO CERTI CHE QUESTA EDIZIONE RIMARRÀ NELLA MENTE E NEL CUORE DI TUTTI GLI APPASSIONATI PER PARECCHIO TEMPO!

È FATTA! HO BATTUTO TUTTI E FINALMENTE PER LA PRIMA VOLTA VINCO A BORNO!

SODDISFAZIONI IN TONO MINORE PER I PILOTI DI TERRA BRESCIANA: A PARTE REGOSA - CHE PERÒ NON È ANDATO OLTRE UN DIGNITOSO 5° POSTO - E QUALCHE PIAZZAMENTO DI CLASSE PER I VALLIGIANI, SPICCANO NELLE "AUTO STORICHE" UN 2° POSTO ASSOLUTO PER CLAUDIO BARIBBI, FIGLIO DI EZIO, SU OSELLA PA-5, A 1" 63 DALL'OSELLA PA-4 DEL VINCITORE GIOVANNI ANZELONI, E UN 3° POSTO PER ALEX CAFFI, EX PILOTA DI FORMULA 1 E FIGLIO DI ANGELO CAFFI, GIÀ VINCITORE A BORNO TRENTUNO ANNI PRIMA.

MA L'AVVENTURA CONTINUA, VEDIAMO COSA ACCADRÀ NEL 1997...

DAL PUNTO DI VISTA METEOROLOGICO, LE PREMESSE SONO ASSAI NEGATIVE: PIOVE ININTERROTTAMENTE DA GIORNI SUL NORD ITALIA E IN PARTICOLARE SUL TERRITORIO CAMUNO, DOVE, COME SOVENTE ACCADE IN QUESTE CIRCOSTANZE, SI VERIFICANO QUA E LÀ EPISODI DI FRANE E SMOTTAMENTI.
IL CAMPIONATO EUROPEO È IN FERMENTO E LA PROTEZIONE CIVILE È IN STATO DI ALLERTA. LO SVOLGIMENTO DELLA "MALEGNO-OSSIMO-BORNO" È APPESO A UN FILO SEBBENE TUTTO APPAIA SOTTO CONTROLLO...

SULLA CARTA, LA DISPUTA PER LA VITTORIA ASSOLUTA SEMBRA RISTRETTA A SOLI QUATTRO PILOTI:

- TSCHAGER, FORTE DI UN SUCCESSO ALLA SALITA "VERZEGNIS-SELLA", UN SECONDO POSTO ALLA "BIELLA-OROPA" E UN TERZO ALLA "CAPRINO-SPIAZZI";

- MIRKO SAVOLDI, CHE CON DUE VITTORIE, A BIELLA E ALLA SICILIANA "COPPA NISSENA", PIÙ DUE PIAZZE D'ONORE, A CAPRINO E VERZEGNIS, È DETERMINATO A CENTRARE L'OBIETTIVO FINALE DEL TITOLO ITALIANO;

- IRLANDO, CHE TORNA A BORNO CERCANDO DI CONSOLIDARE LA LEADERSHIP NELL'EUROPEO E DI RITOCCARE QUEL RECORD CHE APPARTIENE DALLO SCORSO ANNO AL CAMPIONE EUROPEO IN CARICA, FABIO DANTI;

- INFINE L'INOSSIDABILE **NESTI** CHE, DELUSO DAI RISULTATI DELLE ULTIME DUE STAGIONI, HA SCELTO DI ABBANDONARE LA LUCCHINI PER LANCIARSI IN UNA NUOVA SFIDA, LO SVILUPPO DELLA NUOVISSIMA **BREDA-BMW**!

TRA GLI ISCRITTI COMPARE ANCHE UNA VERA E PROPRIA LEGGENDA VIVENTE DELLE GARE IN SALITA: IL COSENTINO **DOMENICO SCOLA**, 67 ANNI, DAGLI SPORTIVI CONOSCIUTO COME IL "LUPO DELLA SILA" O PIÙ AFFETTUOSAMENTE "DON MIMÌ". IN QUARANT'ANNI DI CARRIERA VANTA OLTRE OTTANTA VITTORIE ASSOLUTE IN ALTRETTANTE GARE DI CAMPIONATO ITALIANO. VEDERLO IN TERRA BRESCIANA È UN'OCCASIONE PIÙ UNICA CHE RARA...

FABIO DANTI QUEST'ANNO SI LIMITA AD AFFRONTARE IL "CIVM" SOLAMENTE CON LA SKODA OCTAVIA UFFICIALE, SEMPRE NEL GRUPPO "SUPERSALITA". A BORNO HA COME AVVERSARI I GIÀ CONOSCIUTI DUCOLI, ZERLA E SANTUS E, AL VOLANTE DELLE ALFA ROMEO 155, I PILOTI **ANTONINO LA VECCHIA, STEFANO LOVATO E VITTORIO GOMBOSO**.

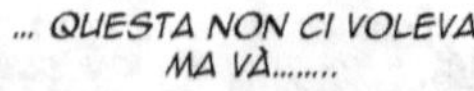

NELLA PRIMA SESSIONE DI PROVE È **TSCHAGER**, SU LUCCHINI-
BMW, A OTTENERE IL MIGLIOR TEMPO, 4' 06" 54, NONOSTANTE
UN ASFALTO IN ALCUNI PUNTI ANCORA PARZIALMENTE BAGNATO.
I DUE INCIDENTI APPENA ACCADUTI FRENANO L'IRRUENZA DEI BIG,
ANCHE SE NELLA SECONDA PROVA I TEMPI SI ABBASSANO DECI-
SAMENTE: SAVOLDI, ANCH'ESSO SU LUCCHINI, OTTIENE UN BUON
TEMPO DI MANCHE, 3' 57" 27, SUBITO SEGUITO DA TSCHAGER CON
4' 01" 07 E DA IRLANDO TERZO CON 4' 03" 27.
NESTI È QUARTO, A POCHI CENTESIMI DA IRLANDO.
LA SFIDA È LANCIATISSIMA!

HO BUONE CHANCES DI VITTORIA!
MA OCCORRE ASPETTARE DOMATTINA,
PER VEDERE SE LE CONDIZIONI MIGLIORANO:
OGGI CI SIAMO PRESI TROPPI RISCHI!

I COMMISSARI SCELGONO IN SERATA DI INTERVENIRE SUL PERCORSO PER ARGINARE IN QUAL-CHE MODO GLI INSIDIOSI RIGAGNOLI. ALL'ALBA DI DOMENICA PERÒ, TROVANDO QUALCOSA DA OBIETTARE, QUALCHE PILOTA DECIDE DI EFFETTUARE UN SOPRALLUOGO, ...
LASSÙ È TUTTO UN DEFLUSSO DI FANGO E TERRICCIO! COM'È POSSIBILE???
CREDO DI CAPIRE... IL PUBBLICO HA RAGGIUNTO NOTTETEMPO ALCUNE POSTAZIONI, ACCAMPANDOSI CON TENDE E CAMPER E MUOVENDO DI CONTINUO GLI AUTOMEZZI SUL TERRENO HA FATTO RIVERSARE SULLA STRADA TUTTA QUELLA PORCHERIA!
DOMENICA 29 GIUGNO LA GARA PARTE REGOLARMENTE. RICOMINCIA ANCHE A PIOVERE, MA ALCUNI CONCORRENTI SEMBRANO ACCOGLIERE LA NOTIZIA POSITIVAMENTE. COL TRACCIATO BAGNATO DA CIMA A FONDO CI SI REGOLA DI CONSEGUENZA: GOMME DA PIOGGIA E...
PRONTI... VIA!
COMMISSARIO DI PERCORSO
214
BISOGNA IMMEDIATAMENTE RIMEDIARE. MANDATE SU UN'AUTOBOTTE CON DELL'ACQUA, QUI ALLA ZONA DELLA BIRRERIA C'È DA RIPULIRE TUTTO, O CORRERE SARÀ IMPOSSIBILE!
IN QUEL MENTRE, AI PADDOCK NEI PRESSI DELLA PARTENZA CI SONO ALCUNI PILOTI RAP-PRESENTANTI LA CATEGORIA DEI PROTOTIPI IMPEGNATI IN UN ANIMATISSIMO BRIEFING...
QUI OGGI NON CI SONO SUFFICIENTI GARANZIE DI SICUREZZA PER CORRERE, A MENO DI NON RISCHIARE LA VITA A OGNI CURVA!
... GIÀ! ABBIAMO VISTO IERI COS'È ACCADUTO AL POVERO IVAN... HA RISCHIATO DI LASCIARCI LA TESTA, SOTTO QUEL GUARD-RAIL! ALLORA, CHE PENSIAMO DI FARE?
POTREMMO ACCORDARCI DI EFFETTUARE LE DUE SALITE A PASSO D'UOMO, MA LA GARA IN SÉ VERREBBE SNATURATA. OPPURE...

"... OPPURE, DECIDERE TUTTI INSIEME DI NON PRENDERE IL VIA!..."
TRENTA, TRA I PILOTI DELLE VETTURE SCOPERTE, SOTTOSCRIVONO UN DOCUMENTO DA INVIARE ALLA DIREZIONE SPORTIVA DI GARA, UFFICIALIZZANDO LE LORO INTENZIONI.
LA PETIZIONE FINISCE DRITTA TRA LE MANI DEL PRESIDENTE DELL'AUTOMOBILE CLUB DI BRESCIA...

... COSA???
HAN DECISO DI CARICARE LE PROPRIE MACCHINE DA GARA SUI FURGONI E DI TORNARSENE A CASA!
... MA COSA RACCONTIAMO AL PUBBLICO, VENUTO APPOSITAMENTE DA TUTT'ITALIA E CHE LI ATTENDE TUTTO IL GIORNO SOTTO IL DILUVIO? È UNA SCELTA ANTISPORTIVA, INQUALIFICABILE!!!

UNA PRESA DI POSIZIONE IMPORTANTE E PER CERTI VERSI GRAVE, CHE POTREBBE INFLIGGERE UN DURO COLPO ALL'IMMAGINE DELLE CRONOSCALATE, SOPRATTUTTO CONSIDERANDO CHE IN TANTISSIME ALTRE OCCASIONI, IN PASSATO, LE GARE IN SALITA SI ERANO REGOLARMENTE SVOLTE ANCHE CON CONDIZIONI AVVERSE E TUTTI I RISCHI DEL CASO.
ANCHE "RE" NESTI SI AGGREGA AL GRUPPO, MA PIÙ CHE ALTRO PER QUIETO VIVERE. DAVANTI ALLE TELECAMERE DELLA TV STORCE VISIBILMENTE IL NASO...

IO HO ACCETTATO DI BUON GRADO INSIEME AGLI ALTRI CHE HAN DETTO NON PARTIAMO, PERÒ...

... A MIO AVVISO ERANO IERI LE CONDIZIONI PER NON PARTIRE. OGGI IL PROBLEMA MI SEMBRA PIÙ RIDIMENSIONATO, PER CUI LE CONDIZIONI SAREBBERO FAVOREVOLI ANCHE PER PARTIRE!

LA CORSA CONTINUA, MA SENZA LA PARTECIPAZIONE DELLE VETTURE PROTOTIPO. L'UNICO AD ACCETTARE DI SCHIERARSI AL VIA È IL TEDESCO ERIC OPPINGER CHE, CON UN'OSELLA "C3", SALE A VELOCITÀ RIDOTTA, NELL'INTENTO DI RACIMOLARE QUALCHE PUNTICINO PER LA CLASSIFICA EUROPEA.
A DAR SPETTACOLO CI PROVANO TUTTI GLI ALTRI CONCORRENTI.
GIOVANNI REGIS, SU PEUGEOT 106 RALLY, INAUGURA IL "GRUPPO N" FACENDO SUA LA CLASSE 1300 IN 11' 35" 71 DAVANTI AD ARMIN HAFNER.

SI AVVICENDANO AL TRAGUARDO LE PRIME CLASSI DI "GRUPPO A":
SILVIO SALINO VINCE LA A-1300 SU PEUGEOT 205 RALLY, COL TEMPO COMPLESSIVO DI 11' 09" 25!
UNA PROVA MIGLIORE ANCHE DI QUELLA DI GIORGIO SCACCABAROZZI E DELLA SUA FIAT UNO TURBO CHE, PUR AGGIUDICANDOSI LA CLASSE A-1400, HA OTTENUTO UN TEMPO SUPERIORE.

GIORGIO LEONARDI, SU PEUGEOT 106 GTI, CON 11' 07" 65 CONQUISTA IL PRIMO POSTO NELLA CLASSE A-1600!

MENTRE ROBERTO SILLI, SU RENAULT CLIO WILLIAMS, CENTRA IL PROVVISORIO MIGLIOR TEMPO ASSOLUTO, E IL SUCCESSO NELLA CLASSE A-2000 CON 10' 40" 59, APPARE CHIARO CHE LA LOTTA PER IL PRIMATO DI GRUPPO È RISERVATA ALL'ALFA ROMEO 155 DI FABIO FAUSTINELLI E ALLE BMW DEI SOLITI KRAMSKY E IACOANGELI.

TATTINI
HYPO
IACOANGELI
232
232
MICHELIN

IN CLASSE N-2000 LORENZO GATTI SIGLA UN BUON 11' 01" 65 SULLA SUA RENAULT CLIO WILLIAMS, MENTRE MAURIZIO DEL COTTO, SU BMW M3, CON 10' 57" 23 SI IMPONE NELLA CLASSE N-2500.
GIANNI DI FANT QUESTA VOLTA VA A SEGNO: STRAVINCE IL "GRUPPO N", OLTRE ALLA CLASSE N+3000, SU FORD ESCORT IN 10' 42" 68!

MA A KRAMSKY NON È SUFFICIENTE PIEGARE LA RESISTENZA DI CASIMIRO BARBIERI, ALLA GUIDA DI UN'ALTRA BMW, INFATTI, PUR AGGUANTANDO LA CLASSE A-3000, VIENE STACCATO DI OLTRE 8 SECONDI PROPRIO DA IACOANGELI CHE, IN UN SOL COLPO, CONQUISTA SIA LA CLASSE A-2500 (IN QUANTO UNICO CONCORRENTE DI CATEGORIA CLASSIFICATO), SIA IL "GRUPPO A".
LA PIOGGIA CONTINUA INCESSANTE A CADERE.
DANTI SEMBRA PERÒ NON CURARSENE E SCATTA DECISO: NELLA PRIMA MANCHE IL DIVARIO DA ANTONINO LA VECCHIA ERA STATO CONTENUTO IN SOLI TRE SECONDI...
CON I PROTOTIPI FUORI GIOCO, QUASI QUASI POSSO TENTARE DI PORTARMI A CASA UN PRIMO ASSOLUTO!

CONSAPEVOLE DELLA GRANDE OPPORTUNITÀ CHE GLI SI È PRESENTATA, DANTI CORAGGIOSAMENTE SPINGE AL MASSIMO LA SUA SKODA DA UN CURVONE ALL'ALTRO: SINISTRA E DESTRA, DESTRA E SINISTRA, CON LA STESSA FOGA DI UN DIRETTORE D'ORCHESTRA CHE AGITA LA SUA BACCHETTA...
FORSE UN PO' TROPPA FOGA...
MALEDIZIONE!!! ADESSO SI COMPLICA TUTTO...
1° tornante
SHHH...

PROPRIO COSÌ. DANTI TIRA FUORI IL MEGLIO DI SÉ E CON ESTREMA ABILITÀ RECUPERA ALLA GRANDE, FACENDO SEGNARE INTERTEMPI DA RECORD!
ALLA SOMMA DEI TEMPI DOPO L'ARRIVO CONQUISTA COSÌ IL MIGLIOR TEMPO ASSOLUTO!!!
PRIMO POSTO ASSICURATO NELLA SUA CLASSE CON 10' 03" 33 E OLTRE 10 SECONDI DI DISTACCO A SANTUS E ZERLA.
MA LE TEMUTISSIME ALFA ROMEO 155 STANNO ARRIVANDO!
GOMBOSO È GIÀ IN PROSSIMITÀ DEL BIVIO DI LOZIO MENTRE SI DÀ LO START A LA VECCHIA, CHE SI MUOVE DAL VIA IN UNA VERA E PROPRIA NUBE D'ACQUA!
INCREDIBILE... CONTINUA A PIOVERE CHE DIO LA MANDA!
VROAN
MANNESMANN

ANCHE LOVATO SI DESTREGGIA COME PUÒ SOTTO IL DILUVIO, PUR CONSAPEVOLE DELLA SUPERIORITÀ, EVIDENTE SIN DALLE PROVE, DEL COLLEGA POTENTINO...
ACC... IN CERTI PUNTI SEMBRA QUASI DI PILOTARE UN MOTOSCAFO!!!
GOTTARDI
275

9' 34" 65!!!
MAGNIFICA PRODEZZA DI LA VECCHIA A OLTRE 110 KM ORARI DI MEDIA!
DANTI È STACCATO DI OLTRE 28 SECONDI;
LOVATO ADDIRITTURA QUASI DI UN MINUTO.
IN SALITA NON VINCE SOLO CHI VA PIÙ FORTE, MA SPESSO ANCHE CHI SBAGLIA MENO; PERCIÒ IL TRIONFO È TUTTO MERITATO PER LA VECCHIA E LA SUA ALFA ROMEO 155.
GRAN BELLA PROVA DI ESPERIENZA ANCHE PER SANTUS CHE, CON UNA VOLKSWAGEN GOLF, TERMINA LA COMPETIZIONE CLASSIFI-CANDOSI AL TERZO POSTO ASSOLUTO.
MANNESMANN
273
ZANINI
GRECO GOMME
GRECO GOMME
PIRELLI

MALGRADO IL MANCATO CONFRONTO TRA I PROTOTIPI, QUELLA DEL 1997 RIMANE COSÌ, PER SPETTACOLARITÀ, UNA TRA LE EDIZIONI MAGGIORMENTE RICORDATE DAL PUBBLICO!
ORA PERÒ, A ORGANIZZATORI E TECNICI, RESTA DA RECUPERARE IN TERMINI DI SICUREZZA E DI CREDIBILITÀ, AFFINCHÉ IN FUTURO EVENTUALI CAPRICCI CLIMATICI NON ARRIVINO A CONDIZIONARE PESANTEMENTE L'ESITO E LO SVOLGIMENTO DELLA GARA.
SELENIA

PER SCONGIURARE NUOVI INCIDENTI COME QUEL-LO OCCORSO A IVAN BUTTI SI INTERVIENE SUI GUARD-RAILS.
LE VECCHIE E FATISCENTI PROTEZIONI LASCIANO SPAZIO A NUOVI E PIÙ SICURI ELEMENTI A "DOPPIA ONDA", CHE RIDUCONO SENSIBILMENTE IL RISCHIO CHE UNA VETTURA A RUOTE SCOPERTE POSSA INFILARVISI PERICOLOSAMENTE SOTTO.
IN ALTRI PUNTI CRITICI, QUALE ULTERIORE MISURA PRECAUZIONALE IN TERMINI DI SICUREZZA, VENGONO INVECE POSIZIONATE DELLE FILE DI VECCHI PNEUMATICI.
TUTTO È PRONTO QUINDI PER LA TRENTESIMA EDIZIONE: 28 GIUGNO 1998!

GLI ANNI PASSANO E I PROTAGONISTI CAMBIANO, MA ANCORA SI RIPROPONE, ANCHE IN QUESTA EDIZIONE L'ETERNA SFIDA TRA NESTI E BARIBBI, ANCHE SE SEMPRE PIÙ PER POSIZIONI DI SECONDO PIANO CHE PER IL PODIO.
IL PRIMO CONTINUA IL SUO PERCORSO AGONISTICO CON LA BREDA-BMW PER LA SCUDERIA "VILLORBA CORSE"; UNA BIPOSTO CON LA QUALE HA OTTENUTO QUALCHE BUON PIAZZAMENTO MA ANCORA NESSUNA VITTORIA.
IL SECONDO INVECE SI RIMETTE IN GIOCO CON UNA NUOVA OSELLA PA-20/S, CON CUI HA GIÀ AVUTO BUONE SODDISFAZIONI, SOPRATTUTTO NEL BELLUNESE, CON UN ACUTO ALLA SALITA "ALPE DEL NEVEGAL".

CON VETTURE ANALOGHE A QUELLA IMPIEGATA DA BARIBBI, *IRLANDO* E REGOSA DANNO DEL FILO DA TORCERE ALLE LUCCHINI-BMW DI TSCHAGER E DEL CAMPIONE ITALIANO 1997, *MIRKO SAVOLDI*.

IL GIOVANE BRESCIANO HA MESSO UN'OPZIONE SULLA VITTORIA, CONSEGUENDO IL MIGLIOR TEMPO NELLE PROVE DI SABATO.
LA SUA LUCCHINI È MOLTO COMPETITIVA, MA POICHÉ NON SONO ANCORA COMPLETAMENTE RISOLTI ALCUNI PROBLEMI DI ASSETTO NON SI LASCIA INGANNARE DAL RISULTATO.

TSCHAGER, GIÀ DOPO POCHE CENTINAIA DI METRI NEL CORSO DELLA PRIMA MANCHE DI GARA, È TAGLIATO FUORI A CAUSA DI UN INCIDENTE.
QUESTA GARA SEMBRA QUASI STREGATA, NON RIESCO MAI A COMBINARE NULLA DI BUONO, QUI IN VALLECAMONICA!
MA SÌ, DAI... TI ANDRÀ SENZ'ALTRO MEGLIO IL PROSSIMO ANNO!

NELLA PRIMA FRAZIONE DI GARA PASQUALE IRLANDO IMPONE IL SUO RITMO, LASCIANDO SAVOLDI INDIETRO DI 95 CENTESIMI.
NELLE CATEGORIE INFERIORI PER QUALCUNO SONO DOLORI. ECCO COME DIEGO DEGASPERI HA RIDOTTO LA SUA SUZUKI SWIFT NEL TENTATIVO DI CONTRASTARE L'ASSALTO DI VINCENZO SAVINO CON LA SUA VECCHIA, MA ANCORA EFFICACE, PEUGEOT 205, IN CLASSE A-1300! FORTUNATAMENTE PER LUI SOLO QUALCHE CONTUSIONE...
PICHLER
VIMOTORSPORT

MENTRE IL "GRUPPO N" È VINTO DA UN INCONTRASTATO RUDI BICCIATO SU FORD ESCORT COSWORTH IN 9' 23" 67, CON 3" 68 DI VANTAGGIO SU GIANNI DI FANT ALLA GUIDA DI UNA BMW M3, IL "GRUPPO A" VEDE IL SUO MOMENTO DI MAGGIOR INTERESSE NEI PASSAGGI DELLE ALTRE BMW M3, QUELLE DI VLADIMIR LISKA E DEL SEMPRE PIÙ FORTE OTAKAR KRAMSKY, TRA I PILOTI STRANIERI UNO DEI PIÙ AMMIRATI DAL PUBBLICO ITALIANO...
PARTITA POCO FA LA BMW DEL PILOTA CECO. SI PREPARA INTANTO L'ALFA 155 DI FABIO FAUSTINELLI...
... È SEMPRE UNO SPETTACOLO KRAMSKY!
BMW
BMW
148 MOGUL
VROOA

8' 54" 89! A QUASI 120 KM ORARI DI MEDIA È PROPRIO KRAMSKY A DOMINARE IL "GRUPPO A". LISKA RESTA DISTANZIATO A QUASI MEZZO MINUTO. IL GRUPPO "SUPERSALITA" INVECE VEDE AL VIA BEN QUATTRO VETTURE SKODA: CI RIPROVA DANTI AL VOLANTE DI UNA FELICIA, CONTRO LE OCTAVIA DI DENNY ZARDO, FEDERICO RAFFETTI E ORONZO PEZZOLLA. QUEST'ULTIMO PORTA UNA CURIOSA VERSIONE PICK-UP DELLA BERLINA DELLA CASA AUTOMOBILISTICA CECA.

ATTESISSIMO DAL PUBBLICO È IL VINCITORE DELLA SCORSA EDIZIONE, LA VECCHIA, SEMPRE CON L'ALFA 155.

BEH... NON ASPETTATEVI DA ME UN "BIS"...
QUESTA VOLTA I PROTOTIPI CI SONO, E IN CLASSIFICA GENERALE MI FINIRANNO QUASI TUTTI DAVANTI!

IL PILOTA CALABRESE CON UN RAGGUARDEVOLE 8' 20" 49 TOTALE PASSA A CONDURRE LA GRADUATORIA GENERALE, VINCENDO L'INTERO GRUPPO.
LE SKODA RIMANGONO MOLTO INDIETRO E QUELLA DI ZARDO SBATTE AL TORNANTE DEL BIVIO DI LOZIO.
LA MIGLIORE DELLE BMW È LA BMW 320 DI ERWIN PICHLER: 8' 42" 52.

VEDIAMO ORA LA GARA PER LA CLASSIFICA GENERALE.
IN EVIDENZA IL VENTENNE TOSCANO SIMONE FAGGIOLI, IL FIGLIO DI MARIO (ANCH'ESSO PRESENTE AI NASTRI DI PARTENZA, MA IN CLASSE CN/P-2), CHE CORRE CON UNA OSELLA PA-20/S MOTORIZZATA RENAULT.

RAGGIUNGE IL TRAGUARDO BARIBBI: IL SUO TEMPO TOTALE, 7' 56" 78, È AL MOMENTO IL MIGLIORE IN ASSOLUTO.

INTANTO NESTI SI DÀ DA FARE.
NON È ABITUATO AD ARRANCARE NELLE RETROVIE;
GLI ANNI PER LUI SEMBRANO NON PASSARE, LA CLASSE E L'ESPERIENZA SONO INDISCUTIBILI, MA LA SUA BREDA-BMW È PIÙ PROBLEMATICA DEL PREVISTO E QUESTO NON LO AIUTA...

... MACCHÉ: 7' 56" 38!
IL CAPARBIO PILOTA TOSCANO ESCE VINCITORE DAL CONFRONTO CON BARIBBI, MA ACCUSA UN PESANTE DIVARIO DA REGOSA, SENZA CONTARE CHE MANCANO ANCORA ALL'APPELLO I DUE MATTATORI DELLE PROVE.
SAVOLDI TENTA TRA UNA MANCHE E L'ALTRA DI RIVOLUZIONARE L'ASSETTO DELLA SUA LUCCHINI, MA...

BAH... ADESSO VA PURE PEGGIO DI PRIMA!

DA "RE DELLA MONTAGNA" AD OUTSIDER NEL GIRO DI SOLE DUE STAGIONI...
EPPURE RIUSCIRÒ PRIMA O POI A CAVAR FUORI QUALCOSA DI BUONO DA CODESTA MACCHINA!

Mauro Nesti

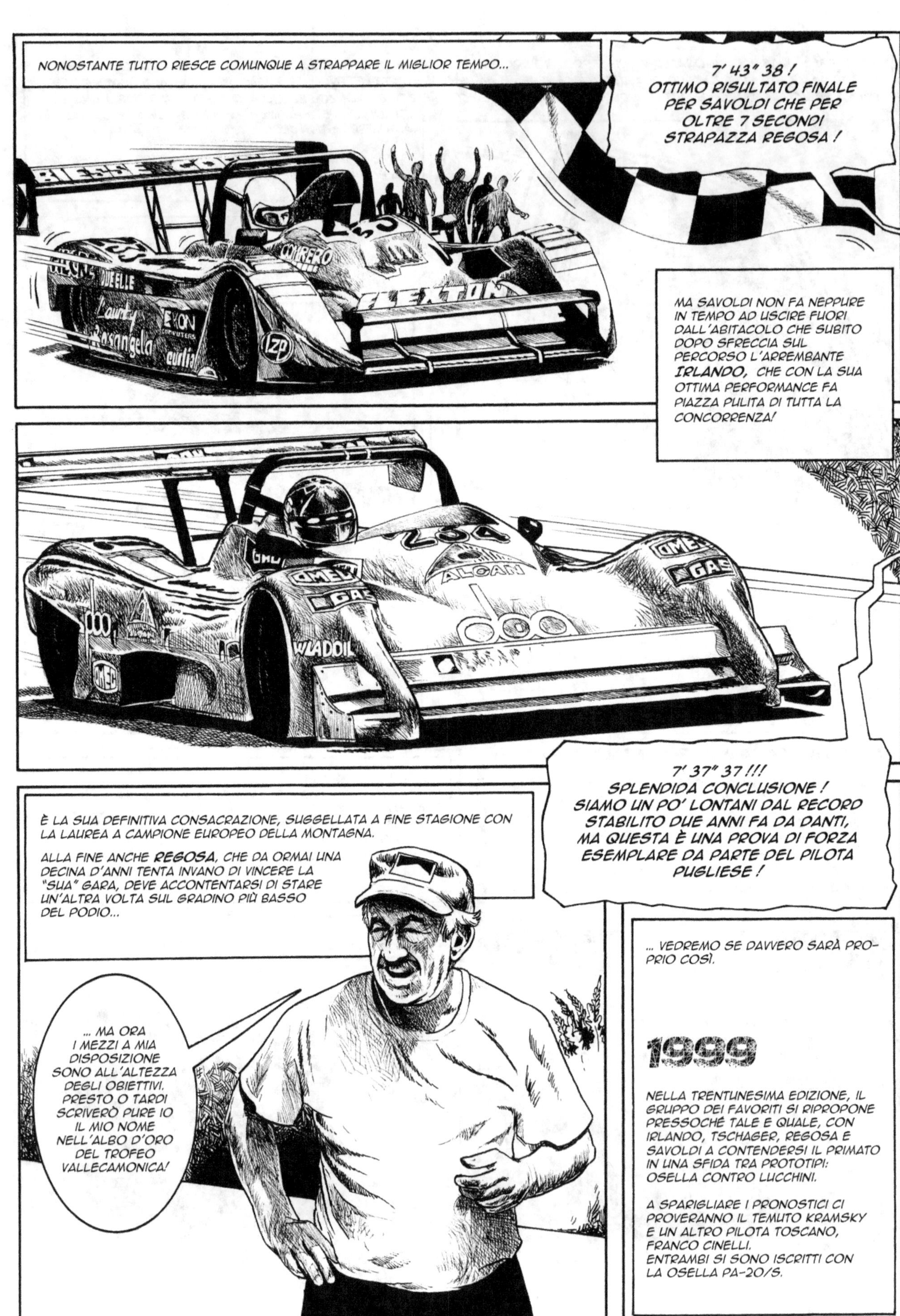

NONOSTANTE TUTTO RIESCE COMUNQUE A STRAPPARE IL MIGLIOR TEMPO...

7' 43" 38 !
OTTIMO RISULTATO FINALE PER SAVOLDI CHE PER OLTRE 7 SECONDI STRAPAZZA REGOSA !

MA SAVOLDI NON FA NEPPURE IN TEMPO AD USCIRE FUORI DALL'ABITACOLO CHE SUBITO DOPO SFRECCIA SUL PERCORSO L'ARREMBANTE IRLANDO, CHE CON LA SUA OTTIMA PERFORMANCE FA PIAZZA PULITA DI TUTTA LA CONCORRENZA!

7' 37" 37 !!!
SPLENDIDA CONCLUSIONE !
SIAMO UN PO' LONTANI DAL RECORD STABILITO DUE ANNI FA DA DANTI, MA QUESTA È UNA PROVA DI FORZA ESEMPLARE DA PARTE DEL PILOTA PUGLIESE !

È LA SUA DEFINITIVA CONSACRAZIONE, SUGGELLATA A FINE STAGIONE CON LA LAUREA A CAMPIONE EUROPEO DELLA MONTAGNA.

ALLA FINE ANCHE REGOSA, CHE DA ORMAI UNA DECINA D'ANNI TENTA INVANO DI VINCERE LA "SUA" GARA, DEVE ACCONTENTARSI DI STARE UN'ALTRA VOLTA SUL GRADINO PIÙ BASSO DEL PODIO...

... VEDREMO SE DAVVERO SARÀ PROPRIO COSÌ.

... MA ORA I MEZZI A MIA DISPOSIZIONE SONO ALL'ALTEZZA DEGLI OBIETTIVI. PRESTO O TARDI SCRIVERÒ PURE IO IL MIO NOME NELL'ALBO D'ORO DEL TROFEO VALLECAMONICA!

1999
NELLA TRENTUNESIMA EDIZIONE, IL GRUPPO DEI FAVORITI SI RIPROPONE PRESSOCHÉ TALE E QUALE, CON IRLANDO, TSCHAGER, REGOSA E SAVOLDI A CONTENDERSI IL PRIMATO IN UNA SFIDA TRA PROTOTIPI: OSELLA CONTRO LUCCHINI.

A SPARIGLIARE I PRONOSTICI CI PROVERANNO IL TEMUTO KRAMSKY E UN ALTRO PILOTA TOSCANO, FRANCO CINELLI.
ENTRAMBI SI SONO ISCRITTI CON LA OSELLA PA-20/S.

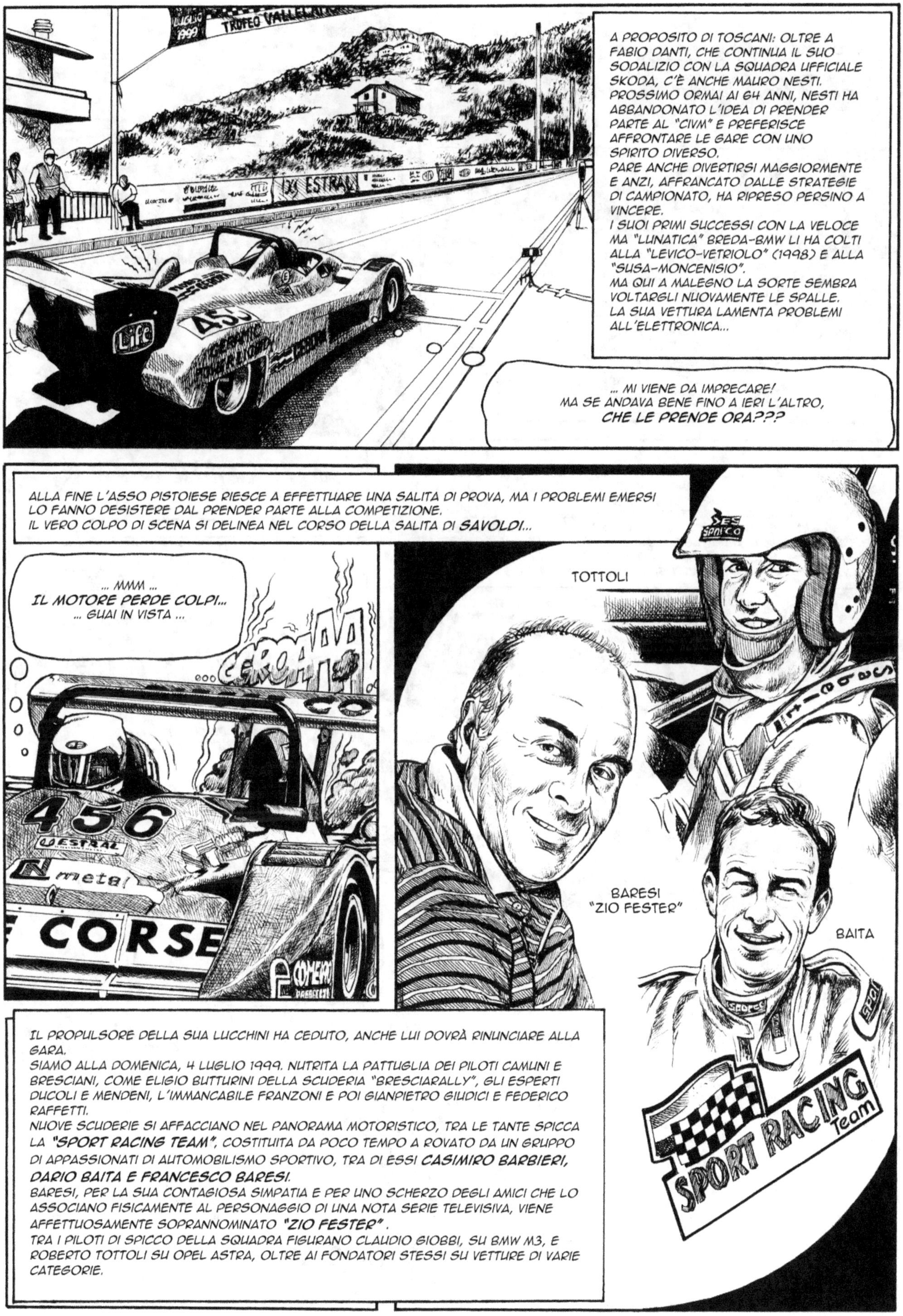

IL PROPULSORE DELLA SUA LUCCHINI HA CEDUTO, ANCHE LUI DOVRÀ RINUNCIARE ALLA
GARA.
SIAMO ALLA DOMENICA, 4 LUGLIO 1999. NUTRITA LA PATTUGLIA DEI PILOTI CAMUNI E
BRESCIANI, COME ELIGIO BUTTURINI DELLA SCUDERIA "BRESCIARALLY", GLI ESPERTI
DUCOLI E MENDENI, L'IMMANCABILE FRANZONI E POI GIANPIETRO GIUDICI E FEDERICO
RAFFETTI.
NUOVE SCUDERIE SI AFFACCIANO NEL PANORAMA MOTORISTICO, TRA LE TANTE SPICCA
LA "SPORT RACING TEAM", COSTITUITA DA POCO TEMPO A ROVATO DA UN GRUPPO
DI APPASSIONATI DI AUTOMOBILISMO SPORTIVO, TRA DI ESSI CASIMIRO BARBIERI,
DARIO BAITA E FRANCESCO BARESI.
BARESI, PER LA SUA CONTAGIOSA SIMPATIA E PER UNO SCHERZO DEGLI AMICI CHE LO
ASSOCIANO FISICAMENTE AL PERSONAGGIO DI UNA NOTA SERIE TELEVISIVA, VIENE
AFFETTUOSAMENTE SOPRANNOMINATO "ZIO FESTER".
TRA I PILOTI DI SPICCO DELLA SQUADRA FIGURANO CLAUDIO GIOBBI, SU BMW M3, E
ROBERTO TOTTOLI SU OPEL ASTRA, OLTRE AI FONDATORI STESSI SU VETTURE DI VARIE
CATEGORIE.

DOPO LA GARA DI CONTORNO DELLE AUTO STORICHE, VINTA DAL MANTOVANO LUIGI MORESCHI SU CHEVRON FORTINA LANCIA IN 9' 27" 11, AD APRIRE LE DANZE TOCCA COME SEMPRE ALLE VETTURE DI "GRUPPO N": LA PEUGEOT 106 DI RENZO INGRASSIA SI ARRAMPICA SUI TORNANTI DAVANTI A UN PUBBLICO CHE RICORDA QUELLO DEI TEMPI MIGLIORI...

BEI TEMPI ANDATI, QUANDO FACEVO FURORE CON LA ALPINE-RENAULT E LA FIAT RITMO...

È IL PRIMO A SALIRE E IL PRIMO ANCHE A CLASSIFICARSI NELLA CLASSE N-1300, CON 10' 27" 91, IMPONENDOSI SU GIOACCHINO BONGIOVANNI (PEUGEOT 205 RALLY) PER SOLI 17 CENTESIMI DI SECONDO.
NELLA CLASSE N-1600 LA VITTORIA VA INVECE A SERAFINO LA DELFA SU HONDA CIVIC CHE FERMA IL CRONOMETRO A 10' 04" 31, MENTRE NELLA N-2000 SI ASSISTE A UNA LOTTA SUL FILO DEI CENTESIMI, CON SOLI 15 SECONDI DI SCARTO TRA IL QUINTO CLASSIFICATO ALDO RAGGI SU HONDA E IL VINCITORE RAIMONDO SALDI SU OPEL ASTRA GSI (9' 52" 66).

CON LA CLASSE N+2500 SI DELINEA LA CLASSIFICA DEL "GRUPPO N", CON LO SLOVACCO PETER JURENA CHE SURCLASSA TUTTI COL TEMPO TOTALE DI 9' 17" 81 ALLA MEDIA DI 113 KM ORARI.
SEI SECONDI LO SEPARANO DA GIOBBI E OLTRE QUINDICI DALL'ALTRA BMW DI IACOANGELI.

ORA È IL TURNO DEL "GRUPPO A"...

... QUELLO STA CAPOTTANDO !

... OOOPPS ...

BRILLANTE SUCCESSO DI SILVIO SALINO IN CLASSE A-1300 CON 9' 58" 20 , MENTRE VEDIAMO SALIRE LINO VARDANEGA E LA SUA HONDA CIVIC PER LA A-1600 !

VARDANEGA VINCE CON 9' 36" 50, MA VIENE SUBITO SCALZATO NELLA CLASSIFICA ASSOLUTA DA LEO BAJARDO CHE PER SOLI 36 CENTESIMI LO BATTE CONQUISTANDO, SU OPEL ASTRA, ANCHE LA CLASSE A-2000.
IL TEMPO DI BAJARDO VIENE PERÒ A SUA VOLTA SCALZATO DA JURENA E QUEST'ULTIMO, INFINE, VIENE POI SUPERATO DAL CROATO NIKO PULIC SU BMW M3: 9' 12" 66: IL "GRUPPO A" È SUO !
OVVIAMENTE NEL CORSO DI UNA GARA COSÌ LUNGA NON MANCANO I "NUMERI"...
LA VOLKSWAGEN POLO DI MASSIMILIANO DEL NIBBIO È APPENA AL SECONDO TORNANTE DOPO LO START...

ARRIVO DI MASSIMO COZZOLI SU PEUGEOT 106 KIT : 9' 41" 39 ! FEDERICO RAFFETTI IN 9' 56" 87 CON LA SKODA FELICIA, MA ASPETTIAMO ANCHE GIUDICI CHE ANCORA È SUL PERCORSO , MENTRE DUCOLI STA PARTENDO IN QUESTO MOMENTO !
DUCOLI, CON LA FORD PUMA KIT, NON CE LA FA A CONTRASTARE COZZOLI E RIMANE DISTANZIATO DI OLTRE 12 SECONDI. IL PUBBLICO CON TREPIDAZIONE ASPETTA AL TRAGUARDO FABIO DANTI, FAUTORE DI GRANDI ENTUSIASMI DI FOLLA QUANDO CHIEDE IL 100% A SÉ STESSO E ALLA SUA SKODA OCTAVIA, SEMPRE PORTATA AL LIMITE.
IL PILOTA PISTOIESE STA PERALTRO VALUTANDO IL RITORNO ALLA GUIDA DI UNA VETTURA OSELLA GIÀ DAL PROSSIMO ANNO PER RIMPINGUARE IL SUO PALMARES CON UN NUOVO ALLORO CONTINENTALE.
8' 46" 08 PER DANTI ! SONO AGLI ULTIMI CHILOMETRI ANCHE PEZZOLLA E ZERLA, MA DAI RILEVAMENTI INTERMEDI APPAIONO PIUTTOSTO IN SVANTAGGIO...

PEZZOLLA VINCE DI FATTO LA CLASSE "A3 SUPERSALITA" IMPONENDOSI SU GIRELLI, MA RESTA A 2 SECONDI DA DANTI, CHE ANCHE STAVOLTA LA SPUNTA NEL GRUPPO "SUPERSALITA".
HANNO APPENA INIZIATO LA SCALATA LE VETTURE SPORT QUANDO...
FATE SOSPENDERE LE PARTENZE, C'È STATO UN SERIO INCIDENTE SOPRA MALEGNO ! SI TRATTA DI SIMONE FAGGIOLI !
...RICEVUTO!
I SOCCORSI NON SI FANNO CERTO ATTENDERE...
BRUTTA BOTTA... DEBBO ESSERMI ROTTO UN PIEDE !...
BEH, NON PREOCCUPARTI, TRA POCO IN OSPEDALE VERIFICHEREMO CON UNA RADIOGRAFIA...

GLI ACCERTAMENTI CONFERMANO IL SOSPETTO: PER SIMONE UNA DOPPIA FRATTURA AL MALLEOLO DESTRO !

SAREBBE POTUTA ANDARE MOLTO PEGGIO...
QUALCUNO IN QUEL PUNTO AVEVA PERSO OLIO, HO POI SAPUTO CHE PRIMA DI ME ANCHE ALTRI CONCORRENTI ERANO USCITI DI PISTA...

PRIMI VAGITI PER UNA NUOVA VETTURA, È LA PICCHIO-BMW E LA GUIDA ALESSANDRO GABRIELLI.
IL PROTOTIPO REALIZZATO DALLA CASA AUTOMOBILISTICA DI TERAMO È PRESSOCHÉ AL DEBUTTO NELLE CRONOSCALATE E NECESSITA DI ULTERIORI PERFEZIONAMENTI PER MATURARE UNA COMPETITIVITÀ ADEGUATA ALLE AMBIZIONI.
IN EFFETTI, I TEMPI OTTENUTI SIN DALLE PROVE SONO SOSTANZIALMENTE ALTI, MA I TECNICI SEMBRANO SULLA BUONA STRADA PER RAGGIUNGERE I RISULTATI PREFISSATI.

UNA VECCHIA CONOSCENZA, SPESSO A RIDOSSO DEI MIGLIORI NELLE CLASSIFICHE, È RENZO NAPIONE.
HA UN'ESPERIENZA PLURIENNALE NELLE GARE IN SALITA.
CON QUESTA OSELLA PA-20/S VA FORTISSIMO: CHI SE NE INTENDE HA GIÀ PRONOSTICATO CHE QUESTA VOLTA FINALMENTE TRA LE POSIZIONI DI VERTICE CI SARÀ ANCHE LUI !

NELLE CATEGORIE INFERIORI DEL GRUPPO DEI PROTOTIPI, ROSARIO IAQUINTA SVETTA IN CLASSE "P-2" SU OSELLA PA-20/S-ALFA ROMEO;
LUCIO FERRARI CONQUISTA IL PRIMATO IN "P-3" SU OSELLA PA-20/S-FORD.
MA I PAPABILI PER LA VITTORIA ASSOLUTA SI TROVANO NELLA CLASSE "P-1" !
SI STAN GIÀ DISTRICANDO TRA I TORNANTI CINELLI, REGOSA, TSCHAGER E IRLANDO .
QUEST'ULTIMO DÀ L'IMPRESSIONE DI ESSERE PARTICOLARMENTE IN GIORNATA...

ZOOOM...
VIETATO SBAGLIARE...
FRANZ IN QUESTI FRANGENTI È IMPLACABILE, SA APPROFITTARE DI OGNI MINIMO ERRORE DEI SUOI AVVERSARI!...

È PASSATO UN ALTRO ANNO E LA MACCHINA ORGANIZZATIVA DELL'ACI BRESCIA È RODATA A PUNTINO PER MANDARE IN SCENA LA PRIMA "MALEGNO-OSSIMO-BORNO" DEL TERZO MILLENNIO.

DA UN PO' DI TEMPO LA LOTTA PER IL VERTICE È A PIÙ AMPIO RAGGIO, ESSENDO ORMAI VARI I CONCORRENTI IN GRADO DI AMBIRE ALLA VITTORIA ASSOLUTA, SIA NELLE GARE NAZIONALI SIA IN AMBITO EUROPEO.
TSCHAGER E IRLANDO A PARTE, ANCHE REGOSA E FAUSTO BORMOLINI RIESCONO A COGLIERE QUALCHE SUCCESSO, SPECIALMENTE NELLE PROVE CONTINENTALI, MENTRE I "VECCHI" BARIBBI E NESTI ANCORA PIAZZANO QUA E LÀ QUALCHE ZAMPATA DA VECCHI LEONI DEL VOLANTE.

NELLA STAGIONE 2000 IL PUBBLICO È IN FIBRILLAZIONE PER IL RIENTRO DI DANTI ALL'OSELLA CON UN PROTOTIPO, IL MODELLO "PA-20", AFFIDATOGLI IN ESCLUSIVA DALLA CASA COSTRUTTRICE PIEMONTESE.
MOLTI SONO DELL'IDEA CHE CON LA NUOVA VETTURA IL GIOVANE PILOTA TOSCANO RICOMINCERÀ A SUONARLE A TUTTI: HA GIÀ INIZIATO ALLA GRANDE IL "CEM" CON DUE CLAMOROSE VITTORIE, RISPETTIVAMENTE IN AUSTRIA E SPAGNA.
MA SABATO 3 GIUGNO, QUASI AL TERMINE DELLA "CAPRINO-SPIAZZI"...

IN SEGUITO ALLA TRAGEDIA OCCORSA A DANTI, RUDIGER FAUSTMANN DICHIARA DI VOLER LASCIARE LE COMPETIZIONI IN SEGNO DI RISPETTO E AMICIZIA VERSO LO SFORTUNATO COLLEGA.
ANCHE BORMOLINI NON VORREBBE VENIRE A CORRERE A MALEGNO, IN QUANTO ANCORA MOLTO SCOSSO DALL'INCIDENTE. VIENE PERÒ INCORAGGIATO DA CLAUDIA DANTI, LA MOGLIE DI FABIO. COSÌ IL PILOTA VALTELLINESE, SEPPUR CON QUALCHE DIFFICOLTÀ, ACCETTA DI PARTECIPARE.
MANCA ANCHE IRLANDO TRA I CONCORRENTI, MA L'ELENCO DEGLI ISCRITTI PRESENTA COMUNQUE QUALCHE NOME DI RILIEVO, COME IL NUOVO LEADER DELLA CLASSIFICA NAZIONALE, IL NAPOLETANO, CAMPIONE ITALIANO IN CARICA, ROSARIO IAQUINTA , PROCLAMATO VINCITORE ASSOLUTO DELL'INFAUSTA "CAPRINO-SPIAZZI" IN VIRTÙ DEL MIGLIOR TEMPO OTTENUTO PRIMA DELLA SOSPENSIONE DELLA GARA.

OTTIME LE CHANCES DI REGOSA CHE, FINALMENTE, NELLE PROVE DI SABATO RIESCE A FAR MEGLIO DI TUTTI E PROMETTE DI DAR BATTAGLIA IN GARA.

NEL "GRUPPO N" VINCONO LE VARIE CLASSI LE NUOVE PROMESSE DELL'AUTOMOBILISMO: GIOVANNI REGIS, SU PEUGEOT 106 RALLY, PER LA N-1400; MIRKO ZANARDINI, SEMPRE SU PEUGEOT 106 MA NELLA CLASSE N-1600; ANTONIO MAIONE, SU OPEL ASTRA GSI, PER LA CLASSE N-2000, TUTTI INTORNO AI 100 KM/H DI MEDIA.

MA LA CONQUISTA DELLA VITTORIA DI GRUPPO È RISERVATA ALLE PIÙ POTENTI BMW M3 DI MAURIZIO IACOANGELI E CLAUDIO GIOBBI, CON RUDI BICCIATO SU FORD ESCORT COSWORTH A FARE DA GUASTAFESTE...

VEDIAMO ORA GIAN ANTONIO FRANZONI, CHE HA ACCANTONATO LA SUA VECCHIA ALFA ROMEO 33 PER PORTARE IN GARA NEL "GRUPPO A" QUESTA CITRÖEN SAXO. ECCOLO SUPERARE IL TORNANTE "DUE PONTI" ...

BICCIATO SBARAGLIA LA CONCORRENZA COL TEMPO TOTALE DI 9' 41" 32 E VINCE DI UN SOFFIO IL "GRUPPO N": GIOBBI È SEPARATO DA SOLI 22 CENTESIMI!

NEL "GRUPPO A" CAPELLINI, SU PEUGEOT 106, TRIONFA NELLA CLASSE 1400, MENTRE FRANZONI, CON LA SUA SAXO, È SECONDO IN A-1600, A OLTRE NOVE SECONDI DALLA HONDA CIVIC DI ALEX URTHALER.

IL RAGGRUPPAMENTO HA COMUNQUE IL SUO PUNTO DI FORZA NEL DUELLO TRA DUE PILOTI DELL'EST EUROPA, NIKO PULIC E VLADIMIR LISKA, ENTRAMBI SU BMW M3. ECCO QUEST'ULTIMO, CONCENTRATO, QUALCHE ISTANTE PRIMA DELLO START...

... E CHE CHIUDE IN 9' 34" 29 ! MENTRE SALE L'ULTIMO ISCRITTO DI "GRUPPO A" *PETR VOJACEK*, SOTTO LO STRISCIONE D'ARRIVO PASSA PULIC CHE COL TEMPO DI 9' 25" 91 STRAPAZZA IL RIVALE CROATO LISKA !

NEL GRUPPO "SUPERSALITA" L'INTERESSE, FINO ALLO SCORSO ANNO MANTENUTO AD ALTO LIVELLO DA FABIO DANTI, SEMBRA QUASI SCEMARE.
MARCO IACOANGELI, COINVOLTO DALLA STESSA PASSIONE DI PAPÀ MAURIZIO, DEBUTTA NEL "CIVM" E NON HA DIFFICOLTÀ A IMPORSI, PIAZZANDOSI AL COMANDO DELLA CLASSIFICA GENERALE CON LA SUA BMW 320 IN 9' 06" 94.

NEL MOMENTO TOPICO DELLA GARA, LA PRIMA MANCHE DELLE VETTURE PROTOTIPO, SI SVOLGE UNO STRANO EPISODIO...

ARRIVA FATTORINI CHE, COL MIGLIOR TEMPO PROVVISORIO, PASSA A CONDURRE LA CORSA!

... MA CI COMUNICANO CHE ORA LA GARA È FERMA A CAUSA DI UN INCIDENTE CHE HA COINVOLTO NUOVAMENTE SIMONE FAGGIOLI...

CI RISIAMO! SPERO NON SIA NULLA DI GRAVE... CON QUELLO CHE È SUCCESSO A FABIO, NON È CERTO CONFORTANTE SENTIRE NOTIZIE DEL GENERE...

IRA
TSK
KROA

BARIBBI, PARTITO SUBITO DOPO IL TOSCANO, VEDE SVENTOLARE LE BANDIERE DI SEGNALAZIONE DAI COMMISSARI E PENSA BENE DI ARRESTARE LA CORSA. L'INTENZIONE È QUELLA DI RIDISCENDERE A VALLE PER EFFETTUARE LA MANCHE NUOVAMENTE. MA, DOPO AVER LIBERATO IL PERCORSO DALLA VETTURA DANNEGGIATA DI FAGGIOLI, LA GARA RIPRENDE CON LE PARTENZE, NELL'ORDINE, DI CINELLI, IAQUINTA E NAPIONE SEGUITI DA ANDRÈS VILARINO.
BARIBBI RIMANE IN ATTESA DI POTER RECUPERARE LA MANCHE.

... VAMOS ! CE LA POSSO FARE ...

MA LO SPAGNOLO, QUATTRO VOLTE CAMPIONE EUROPEO, FINISCE FUORI STRADA!
LE BARRIERE PROTETTIVE IN PLASTICA, NELLA VIOLENZA DELL'URTO, CEDONO E RILASCIANO COPIOSAMENTE L'ACQUA CHE CONTENGONO SULL'ASFALTO...

CRASH

... MALDITA SEA !!! *

(*) DANNAZIONE !!!

SUBITO DOPO SOPRAGGIUNGE REGOSA, ALLARMATO DALL'ANIMAZIONE CREATASI ...

... CHE È SUCCESSO LASSÙ?
SPERO NULLA DI GRAVE...
SARÀ BENE FERMARMI,
TANTO POI RIPETERÒ LA MANCHE!

COME ERA LOGICO ATTEN-
DERSI, IL DRIVER BRESCIA-
NO DECIDE DI RIDISCENDE-
RE A MALEGNO, A SUA
VOLTA IMITATO DA BARIBBI.
I DUE TORNANO QUINDI
A INCOLONNARSI SULLA
LINEA DI PARTENZA PER
COMPIERE DA CAPO LA
FRAZIONE DI GARA BRU-
SCAMENTE INTERROTTA A
CAUSA DELL'ENNESIMO
INCIDENTE...

SP 5

416
metra
FLOATEX

REGOSA RIPRENDE IL VIA, DECISO COME NON MAI.

416
metra
metra
CORSE
FLOATEX

QUESTI SONO EPISODI CHE FANNO
PERDERE LA CONCENTRAZIONE !
MA QUESTA VOLTA NON MI
LASCIO ROVINARE LA FESTA!!!

MI RIFERISCONO CHE AVETE MAL INTESO
LE SEGNALAZIONI DEI NOSTRI COMMISSARI.
LO STOP ALLA GARA NON ERA STATO UFFICIALIZZATO,
POICHÉ NON ERANO STATE ANCORA ESPOSTE LE BANDIERE ROSSE.
QUINDI MANCAVA L'OK PER RITORNARE GIÙ.
LO SAPETE CHE IN QUESTI CASI
È PREVISTA LA SQUALIFICA???

BARIBBI, INVECE, VIENE BLOCCATO E INVITATO A SCENDERE DAL-
LA SUA OSELLA.

MI VOLETE SPIEGARE
COSA STA SUCCEDENDO ???
LA GARA ERA FERMA PER UN INCIDENTE;
IO, NON POTENDO PROSEGUIRE,
SONO TORNATO QUI PER RIFARE LA MIA SALITA!

CA ba
Lease
CHAMPION
speedline

MA A ME RISULTA CHE
GIULIO LO ABBIATE LASCIATO
RIPARTIRE!
ANCHE LUI, COME ME,
SI È COMPORTATO
ALLO STESSO MODO !!!

PECCATO CHE LA SQUALIFICA, PER CERTI VERSI DISCUTIBILE, VENGA NOTIFICATA SOLO ALL'ARRIVO, QUANDO ORAMAI L'IGNARO PILOTA HA EFFETTUATO TUTTA LA GARA, CORRENDO COSÌ DEI RISCHI INUTILI!
INCOMPRENSIONI E POCA CLEMENZA DA PARTE DEI GIUDICI DI GARA HANNO DI FATTO ESTROMESSO DUE CONTENDENTI DALLA LOTTA PER LA VITTORIA IN CLASSIFICA GENERALE.
LARGO QUINDI A **TSCHAGER**, CHE DEVE COMUNQUE GUARDARSI DAGLI ATTACCHI DI IAQUINTA E SOPRATTUTTO DI CINELLI CHE, AVENDO DOMINATO LA PRIMA FRAZIONE DI GARA E GIÀ TERMINATO LA SECONDA, CON SOMMA DEI TEMPI DI 8' 10" 58, SI RITROVA ORA A GUIDARE LA CLASSIFICA GENERALE!

NULLA DA FARE PER IAQUINTA: 8' 13" 28.
CINELLI RIMANE DAVANTI A TUTTI.
INTANTO GIUNGONO RISULTATI SORPRENDENTI DA **ORONZO PEZZOLLA** CHE, CON LA SKODA OCTAVIA WAGON, RIESCE A INSERIRSI TRA I PRIMI DIECI ASSOLUTI, LASCIANDOSI ALLE SPALLE CONCORRENTI CON VETTURE BEN PIÙ POTENTI DELLA SUA !

ECCEZIONALE IL TEMPO DI TSCHAGER CHE, MALGRADO LE CHICANES, RIESCE A SCENDERE SOTTO IL MURO DEI QUATTRO MINUTI! TEMPO FINALE: 8' 06" 75, CON UNA VELOCITÀ MEDIA DI OLTRE 130 KM ORARI!

DOPO ALCUNE EDIZIONI PER LUI POCO FORTUNATE, L'ALBO D'ORO DELLA "MALEGNO-OSSIMO-BORNO", A CUI PARTECIPA SIN DAL 1987, PUÒ FREGIARSI FINALMENTE ANCHE DEL SUO NOME.

2001

ECCOCI COSÌ NEL 2001, PRIMA DOMENICA DI LUGLIO. TRENTATREESIMA EDIZIONE, VALIDA SIA PER IL CAMPIONATO EUROPEO (CEM) SIA PER QUELLO ITALIANO (CIVM).

IL MONDO DELLE CRONOSCALATE ATTRAVERSA UNA FASE MOLTO DELICATA: I TANTI E GRAVI INCIDENTI DELLA PASSATA STAGIONE HANNO INNESCATO UN SERIO ALLARME IN MATERIA DI SICUREZZA. I PILOTI, CHE LO SCORSO ANNO AVEVANO BEN ACCOLTO LE CHICANES ARTIFICIALI COME PROVVEDIMENTO DI EMERGENZA, ADESSO SI DICHIARANO CONTRARI A UN LORO NUOVO IMPIEGO.

COME SE NON BASTASSE, IN BASE AD ALCUNE NORMATIVE FEDERALI, GLI ORGANIZZATORI DELL'ACI BRESCIA SI TROVANO COSTRETTI A SACRIFICARE LA PARTE FINALE DEL PERCORSO CHE DA MALEGNO SALE A BORNO, QUELLA PIÙ VELOCE, RIDUCENDO QUESTO CIRCUITO NATURALE DI BEN 3,200 KM, CON L'ARRIVO SITUATO POCO PRIMA DELL'ABITATO DI OSSIMO.

LA POLEMICA È SERVITA...

INAUDITO! UNA COSA DEL GENERE È DAVVERO IMPROPONIBILE! NON SI PUÒ SNATURARE COSÌ UNA GARA CON QUASI QUARANTA ANNI DI STORIA !!!

È QUASI UN SACRILEGIO !

OLTRETUTTO, SENZA IL TRANSITO DA OSSIMO E L'ARRIVO A BORNO CHE SENSO HA ? CHE RAZZA DI "MALEGNO-OSSIMO-BORNO" SARÀ ???

CERTO, IN QUESTO MODO, SI RIESCE A TENERE IN VITA LA MANIFESTAZIONE, CHE È CIÒ CHE PIÙ IMPORTA, MA PIUTTOSTO CHE ACCETTARE QUESTA MODIFICA C'È ANCHE CHI PREFERISCE METTERE SULLA STORICA SALITA LA PAROLA FINE: IN POCHI ACCETTANO DI BUON GRADO DI ASSISTERE A UN "TROFEO VALLECAMONICA" SPEZZATO, CONTINUARE COSÌ NON HA SENSO.
INTANTO PERÒ SI VA IN SCENA: PILOTI SEMPRE PIÙ COMPETITIVI E AGGUERRITI SI SFIDERANNO COME OGNI ANNO, OFFRENDO SPETTACOLO A COLPI DI CRONOMETRO!
TSCHAGER PUNTA AL BIS, MA GLI AVVERSARI SONO SEMPRE PIÙ PERICOLOSI: REGOSA, FAGGIOLI, CINELLI E KRAMSKY.
AL VIA ANCHE NUOVE GENERAZIONI DI NOMI STORICI, COME EMILIO SCOLA , CLAUDIO BARIBBI E FAUSTO BORMOLINI, FIGLI E NIPOTI D'ARTE DI ANZIANI "GENTLEMEN DRIVER" TUTTORA ATTIVI.

EMILIO, CERTO CHE QUANDO CI SI METTE FA CALDO ANCHE QUI A BRESCIA, EH ...

GIÀ... IL SOLE, QUANDO C'È, PICCHIA FORTE IN VALLECAMONICA! LO ZIO DOMENICO, CHE HA GIÀ CORSO QUI IN PASSATO, ME LO AVEVA DETTO...

577

"GRUPPO N": DOPO LA CONSUETA SFILATA DELLE NUMEROSE PEUGEOT 106, CON VITTORIE DI VALERIO FACCINI IN 7' 53" 53 NELLA CLASSE N-1400 E DI GIOVANNI REGIS IN QUELLA N-1600, IL CAMUNO LUCA TOSINI VINCE, SU HONDA INTEGRA, LA CLASSE N-2000 IN 7' 24" 25; MENTRE PIERGIORGIO BEDINI, SU FORD ESCORT, SIGLA UN OTTIMO 6' 57" 64, FACENDO IL VUOTO NELLA CLASSE N-3000, CON BICCIATO DIETRO DI QUATTRO SECONDI. ALLA FINE BEDINI SI AGGIUDICA ANCHE L'INTERO RAGGRUPPAMENTO.

AI "DUE PONTI" ECCO YURI CALDERA, DELLA SCUDERIA "BRESCIARALLY"!

NEL "GRUPPO A" SI ASSISTE A UN RISULTATO SIN-GOLARE: A BATTERE LE PEUGEOT 205 DI GRIFONI E RAPUZZI, NELLA CLASSE A-1400, CI RIESCE MINER-VINI, IN 7' 33" 56, CON UNA FIAT CINQUECENTO! LA A-1600 È INVECE APPANNAGGIO DI ALEX URTHA-LER CON LA HONDA CIVIC: 7' 36" 78. C'È ANCHE UNA BELLA SORPRESA PER IL PUBBLICO: IL NEO-CAMPIONE ITALIANO DI RALLY PIERO LONGHI CON LA RENAULT MEGANE MAXI-KIT ...

NIKO PULIC HA APPENA TAGLIATO IL TRAGUARDO IN 6' 41" 89, PORTANDOSI PER ORA IN CIMA ALLA GRADUATORIA GENERALE E VINCENDO IL "GRUPPO A"!

bresciarally
FUSAR
251
WWW.DRINKSHOP.IT

infoplus
511
MICHELIN
AR 099 ZN

PUR NON APPARTENENDO, QUELLO DEL CIRCUITO CAMUNO, AL SUO TERRENO DI GARA ABITUALE, PIERO LONGHI ANCHE IN SALITA NON SFIGURA AFFATTO: IL TEMPO STABILITO, 6' 44" 87, GLI CONSENTE DI SCAVALCARE NEL GRUPPO "CHALLENGE SALITA" NIENTEMENO CHE LA FERRARI 360 DI LEO ISOLANI E LA BMW 320 DI GIOVAN-NI ANZELONI. BRILLANTE SUCCESSO!

AI NASTRI DI PARTENZA ANCHE IL VETERA-NO LUCIANO DAL BEN, QUI A BEN 36 ANNI DALLA SUA PRIMA ESPERIENZA A BORNO; È IL PRIMO A SALIRE PER LA CLASSE "GRAN TURISMO" CON QUESTA FERRARI F-355 ...

DOPO LE VETTURE "GRAN TURISMO" AVREMO QUELLE DI "SUPER PRODUZIONE" E INFINE I PROTOTIPI "CN". QUESTA VOLTA NON TROVEREMO BARIBBI ALLA PARTENZA, MA NEPPURE NESTI, CHE DA QUESTA STAGIONE HA SCELTO DI RIDURRE MOLTO I SUOI IMPEGNI AGONISTICI E DI NON PARTECIPARE PIÙ AD ALCUN CAMPIONATO!

ISOLANI E FAUSTINELLI SALGONO IN MANIERA IMPRESSIONANTE... IO VOGLIO PENSARE PIUTTOSTO A CORRERE PER DIVERTIRMI, SENZA PIÙ PRENDERE I RISCHI DI UN TEMPO...

barò
mema
519
GLEO
KBV

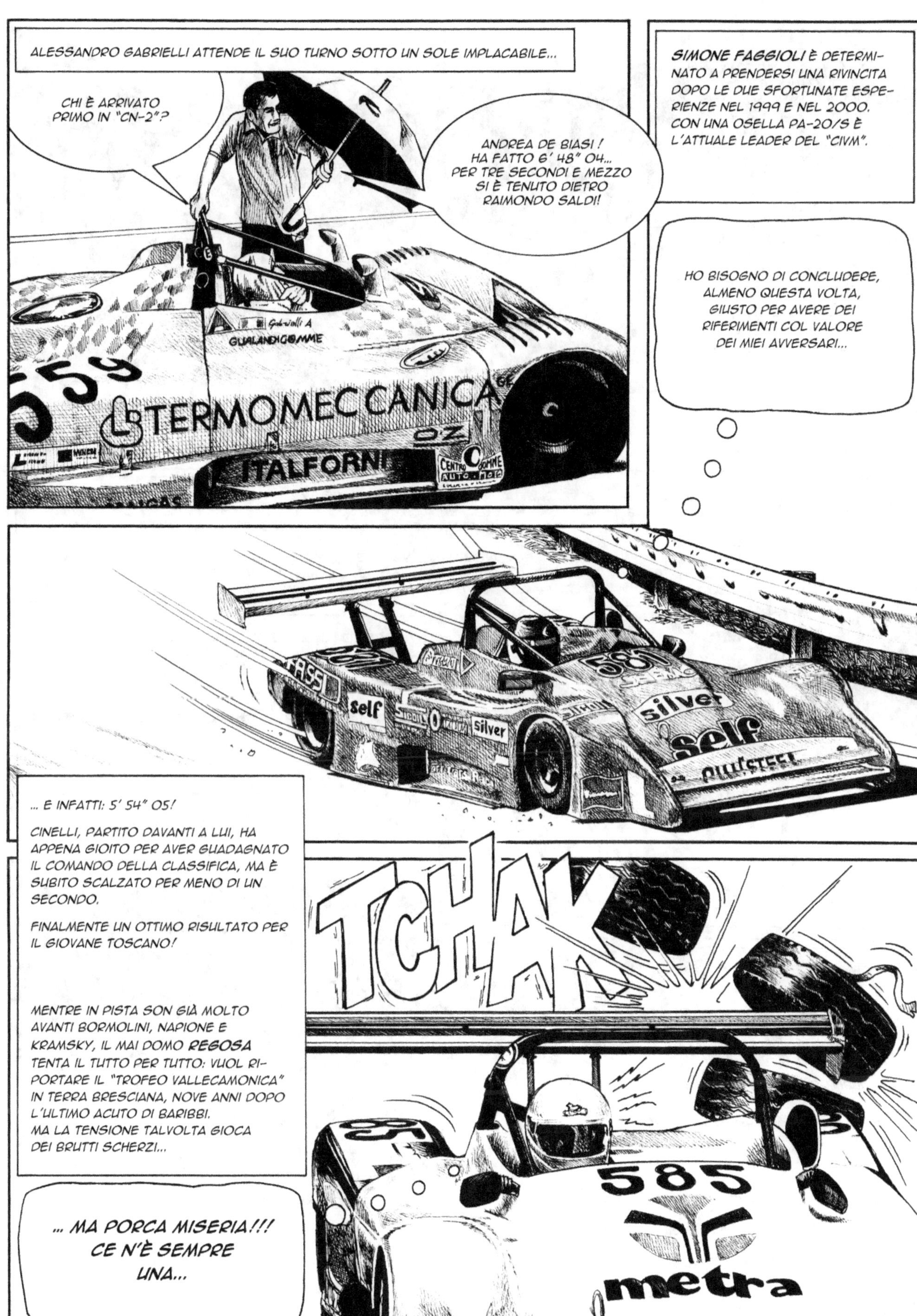

ALESSANDRO GABRIELLI ATTENDE IL SUO TURNO SOTTO UN SOLE IMPLACABILE...

CHI È ARRIVATO PRIMO IN "CN-2"?

ANDREA DE BIASI! HA FATTO 6' 48" 04... PER TRE SECONDI E MEZZO SI È TENUTO DIETRO RAIMONDO SALDI!

SIMONE FAGGIOLI È DETERMINATO A PRENDERSI UNA RIVINCITA DOPO LE DUE SFORTUNATE ESPERIENZE NEL 1999 E NEL 2000. CON UNA OSELLA PA-20/S È L'ATTUALE LEADER DEL "CIVM".

HO BISOGNO DI CONCLUDERE, ALMENO QUESTA VOLTA, GIUSTO PER AVERE DEI RIFERIMENTI COL VALORE DEI MIEI AVVERSARI...

TERMOMECCANICA
ITALFORNI

self
silver
self

... E INFATTI: 5' 54" 05!

CINELLI, PARTITO DAVANTI A LUI, HA APPENA GIOITO PER AVER GUADAGNATO IL COMANDO DELLA CLASSIFICA, MA È SUBITO SCALZATO PER MENO DI UN SECONDO.

FINALMENTE UN OTTIMO RISULTATO PER IL GIOVANE TOSCANO!

MENTRE IN PISTA SON GIÀ MOLTO AVANTI BORMOLINI, NAPIONE E KRAMSKY, IL MAI DOMO REGOSA TENTA IL TUTTO PER TUTTO: VUOL RIPORTARE IL "TROFEO VALLECAMONICA" IN TERRA BRESCIANA, NOVE ANNI DOPO L'ULTIMO ACUTO DI BARIBBI. MA LA TENSIONE TALVOLTA GIOCA DEI BRUTTI SCHERZI...

TCHAK

... MA PORCA MISERIA!!! CE N'È SEMPRE UNA...

585
metra
BIESSE CORSE

2002

30 GIUGNO: ANCHE LA TRENTAQUATTRESIMA EDIZIONE SI SVOLGE SULLA FALSARIGA DELLA PRECEDENTE, CON PERCORSO ABBREVIATO E LE STESSE, PER ALCUNI "INDIGESTE", CHICANES ARTIFICIALI. IN CHIAVE EUROPEA, LA SFIDA DI BORNO È UN AFFARE ESCLUSIVO TRA I SOLITI TSCHAGER E REGOSA, CON KRAMSKY NEL RUOLO ORMAI ABITUALE DI OUTSIDER.
FAGGIOLI, CHE PRENDE PARTE AL SOLO "CIVM" E NON AL "CEM", PARTE SVANTAGGIATO A CAUSA DI ALCUNE RESTRIZIONI TECNICHE IMPOSTE IN ITALIA PER LE VETTURE DEL CAMPIONATO ITALIANO.
REGOSA, STANCO DI COLLEZIONARE SOLO TERZI POSTI, OGGI PUNTA IN ALTO...

IN EFFETTI PER IL "BAFFO VOLANTE" L'ETÀ INIZIA AD AVERE UNA CERTA IMPORTANZA, ANCHE SE A 54 ANNI SEMBRA ATTRAVERSARE UNA BUONA FASE DI CARRIERA, CON TRE SECONDI POSTI IN AUSTRIA, SPAGNA E PORTOGALLO, CHE IN GRADUATORIA CONTINENTALE LO COLLOCANO TEMPORANEAMENTE AL TERZO POSTO.

TRA I BIG SI REGISTRANO ALCUNE ASSENZE IMPORTANTI:

- NESTI, HA PREFERITO RIESUMARE LA SUA VECCHIA OSELLA PA-9/90 PER FARE QUALCHE PASSERELLA NELLE RIEVOCAZIONI PER "AUTO STORICHE";

- BARIBBI PARE AVER DEFINITIVAMENTE APPESO IL CASCO AL CHIODO;

- IRLANDO E SAVOLDI SONO INVECE IMPEGNATI SU ALTRI FRONTI.

NELLA GARA DI CONTORNO, RISERVATA ALLE AUTO D'EPOCA, SI RITROVANO STORICI PERSONAGGI CHE GIÀ NELLA SECONDA METÀ DEGLI ANNI '60 CALCAVANO LE SCENE DELLE GARE IN MONTAGNA, TRA QUESTI I MILANESI PAOLO CARLO BRAMBILLA, ARRIGO COCCHETTI E IL BRESCIANO GUIDO CAFFI, ALTRO MEMBRO DELL'OMONIMA FAMIGLIA "DA CORSA".

LE PRIME INDICAZIONI, GIUNTE DALLE PROVE DELLA VIGILIA, DANNO PER SUPER FAVORITO ANCORA TSCHAGER, AUTORE DEI MIGLIORI RISCONTRI CRONOMETRICI IN ENTRAMBE LE RICOGNIZIONI.
REGOSA LAMENTA QUALCHE PROBLEMA COL NUOVO CAMBIO SEQUENZIALE DELLA SUA OSELLA PA-20/S-BMW, MA I DISTACCHI ESIGUI RIMEDIATI IN PROVA LASCIANO BEN SPERARE.
MA VEDIAMO CHE LA GARA INIZIA GIÀ COL BOTTO, CON MENEGHETTI, DEL "GRUPPO N", CHE IMPROVVISAMENTE SI RITROVA COME CAPPELLO LA SUA PEUGEOT 106...

TUTTO OK, RAGAZZI...
NIENTE DI ROTTO !
ANCHE LA MACCHINA
È SOLO UN PO' AMMACCATA...

MIRKO ZANARDINI È UNO TRA I GIOVANI PILOTI PIÙ PROMETTENTI DELLA ZONA. CON UNA PEUGEOT 106 HA GIÀ CONQUISTATO IN CLASSE "N-2" – LA NUOVA 1600 DI "GRUPPO N", IN PRATICA – DUE SPLENDIDE VITTORIE: ALLA SALITA DI "MONTE ERICE" IN SICILIA E ALLA FRIULANA "VERZEGNIS-SELLA CHIANZUTAN". A MALEGNO CONFERMA TUTTO IL SUO TALENTO VINCENDO IN 7' 20" 90!

SBRANG
FOX CARGO
LISKA
341 invelt

ALLA FINE A VINCERE IL "GRUPPO N" È PIERGIORGIO BEDINI SU FORD ESCORT COSWORTH. CON UN TEMPO DI 6' 54" 80, PRECEDE LA SUBARU IMPREZA DI JIRI VOVES E LA MITSUBISHI LANCER DI PABLO BIOLGHINI.

IL DIFFICILE TORNANTONE CHE SI TROVA PRIMA DEL BIVIO PER LOZIO PUNISCE SEMPRE QUALCHE AZZARDO DI TROPPO: QUESTA VOLTA TOCCA A VLADIMIR LISKA, CON LA SUA BMW "GRUPPO A", A FARE I CONTI COL GUARD-RAIL...

ORA HA APPENA PRESO IL VIA LEO ISOLANI CHE, CON LA FERRARI 360 MODENA, STA PER AFFRONTARE IL SECONDO TORNANTE !

randstad
Isolani
ROCCHEGGIANI
VANIAH
383

IMPOSSIBILE BATTERE NIKO PULIC E LA SUA BMW M3.
I SEPPUR FORTI RAPUZZI, HAFNER, PATERA E KRUG SI SPARTISCONO I PRIMI POSTI NELLE SUCCESSIVE CLASSI DEL "GRUPPO A", MA NON HANNO ALCUNA CHANCE CONTRO IL DRIVER CROATO, CHE SI AGGIUDICA L'INTERO RAGGRUPPAMENTO CON 6' 35" 31, NEUTRALIZZANDO COSÌ ANCHE GLI ASSALTI AL PRIMATO DELLE BMW DI SENKYR E MARCO IACOANGELI!

COLPI DI SCENA A RIPETIZIONE:
MARCO GRAMENZI, UNO DEI PRINCIPALI
AVVERSARI DI ISOLANI, POCO DOPO LA
PARTENZA HA IMPROVVISAMENTE QUALCHE
VISTOSO PROBLEMA SULLA SUA ALFA
ROMEO 155 ...
DANNAZIONE, IL MOTORE VA ARROSTO!

QUI TEMO CHE RIMARRÀ BEN POCO DA SALVARE...

FULVIO GIULIANI, SU LANCIA DELTA,
CON 7' 18" 86 CHIUDE AL QUARTO
POSTO LA CLASSE "CS-2"!
DAL BEN SI È RITIRATO
PER PROBLEMI MECCANICI!

FAUSTINELLI TRANSITA SULLA LINEA
DELL'ARRIVO IN 6' 44" 26, UN BUON TEMPO,
MA IMMEDIATAMENTE UN'ALTRA PORSCHE
ARRIVA IN SCIA E LO SURCLASSA...

FRATTANTO, ISOLANI CHIUDE IN 6' 46" 71, VINCENDO LA CLASSE "CS-2" DAVANTI
A SIMONE SPATTI SU FORD ESCORT COSWORTH.
MA IL GRUPPO "CHALLENGE SALITA" NON SI ESAURISCE QUI: CI SONO ANCHE LE
PORSCHE, QUELLE DEL CECO JAN VONKA E FABIO FAUSTINELLI...
392
FEDRIGA STEELS
FEDRIGA STEELS s.r.l.

VROOA
LeasePlan
393
D&M
MA·FRA
6' 42" 36!
VONKA VINCE LA CLASSE
"GT-5", MA NON SI
AVVICINA AL TEMPO DI
ALESSANDRO GABRIELLI,
CHE CON LA AUDI A4 SI
MERITA IL SUCCESSO NEL
GRUPPO
"CHALLENGE SALITA"!

IN UN PROGRESSIVO SUSSEGUIRSI DI CILINDRATE E CATEGORIE, SIAMO GIÀ AI PROTOTIPI.
CITAZIONE DOVEROSA PER ALCUNI VALOROSI COMPRIMARI: CLAUDIO BARIBBI, CHE SEGUE LE ORME DI PAPÀ EZIO E SALE ALLA VOLTA DI BORNO CON L'OSELLA "TROFEO FABIO DANTI"; IL DESENZANESE NELLO GNESATO, CONSUMATO DRIVER CON 35 ANNI DI ESPERIENZA, PORTA A SPASSO LA SUA OLMAS-BMW PIÙ PER PASSIONE E DIVERTIMENTO CHE PER AMBIZIONI AGONISTICHE.
IN CLASSE "CN-3", ANCHE L'EX CAMPIONE ITALIANO IAQUINTA "ASSAGGIA" IL MICIDIALE GUARD-RAIL DEL BIVIO DI LOZIO...

STAK!
PRESO TROPPO LUNGO!
CHISSÀ SE CE LA FACCIO A RIPARTIRE...

ALETTONE ANTERIORE E MUSETTO DANNEG-GIATO, MA LA SUA OSELLA PA-20 È IN GRADO DI CONTINUARE LA CORSA.
IL PILOTA NAPOLETANO RECUPERA E CON-CLUDE LA GARA IN 6' 05" 04. ALLA FINE SI PIAZZERÀ OTTAVO IN CLASSIFICA GENERA-LE, MA È INDUBBIO CHE SENZA QUELLA "TOCCATA" SAREBBE SALITO MOLTO PIÙ SU.

CINELLI, ANCH'ESSO SU OSELLA PA-20, TOTALIZZA 5' 54" 90 RIMANENDO PERÒ STACCATO DI UN SECONDO DA FAGGIOLI, CHE CONSERVA LA LEADERSHIP.

RIECCO REGOSA !
IL PILOTA BRESCIANO, A CAUSA DI UN'ER-RATA SCALATA DI MARCIA NELLA PRIMA MANCHE, HA CEDUTO BEN QUATTRO SE-CONDI A TSCHAGER, MA IL "BAFFO" NON È UNO CHE MOLLA FACILMENTE ED È PROPRIO IN QUESTA SECONDA SALITA CHE SFODERA LA SUA GRINTA MIGLIORE!

... ADESSO SI COMBATTE DA VERI UOMINI!!!

metra
BIESSE CORSE
FLOATEX

GARDA KART
LANA BAU EXPERT

GIULIO REGOSA NELLA SECONDA MANCHE COMPIE IL SUO CAPOLAVORO.
TEMPO DI MANCHE: 2' 52" 14 !
MA TSCHAGER È ANCORA AVANTI.
ULTIMO CONCORRENTE AI NASTRI DI PARTENZA, ANCORA NON È AL CORRENTE DEL RISULTATO OTTENUTO DAL RIVALE...

... MEGLIO NON RILASSARSI TROPPO!
TEMO LA REAZIONE DI QUEL MASTINO DALLA SCORZA DURA, NON SI ARRENDE MAI!!

L'ALTOATESINO DELLA "VILLORBA CORSE" HA RA-GIONE A PENSARLA COSÌ. TAGLIA IL TRAGUARDO IN 2' 52" 31, PIAZZANDOSI, IN QUESTA SECONDA MANCHE, DIETRO A REGOSA. TUTTAVIA È TROPPO ESIGUO IL VANTAGGIO DEL PILOTA BRESCIANO PER RECUPERARE IL DIVARIO CREATOSI NELLA PRIMA SESSIONE. IL TRIONFATORE SI COMPLIMENTA CON LUI CON UNA PUNTA DI IRONIA ...

COSÌ, PER "KAISER FRANZ" ARRIVA A BORNO LA TERZA VITTORIA CON-SECUTIVA, UN "FILOTTO" SINORA RIUSCITO SOLO A "PAM" E NESTI. REGOSA SI DEVE ACCONTENTARE CON UN ENNESIMO PODIO, PER UNA VOLTA IN PIAZZA D'ONORE. IL PUBBLICO, FOLTO COME SEMPRE, LA-SCIA LE MONTAGNE SODDISFATTO E DIVERTITO.

2003

EDIZIONE NUMERO 35, LA CORSA CAMUNA TORNA ALLA SUA LUNGHEZZA ORIGINARIA CON L'ARRIVO A BORNO. RICONFERMATE ANCHE LE VALIDITÀ INTER-NAZIONALI E ULTIMATI I LAVORI DI ADEGUAMENTO REGOLAMENTARI PER LA SICUREZZA.

RIMANGONO PERÒ, ANCHE STAVOLTA, LE CHICANES POSTICCE DELLE EDIZIONI PRECEDENTI. 29 GIUGNO 2003: UN NUOVO CAPITOLO DA SCRIVERE NELLA STORIA DEL "TROFEO VALLECAMONICA"! TSCHAGER, DOPO IL CLAMOROSO TRIS CULMINATO COL TITOLO DI CAM-PIONE EUROPEO DELLA MONTAGNA, DECIDE DI PRENDERSI UN PERIODO DI PAUSA. REGOSA, A SUA VOLTA VICECAMPIONE DELLA SERIE CONTINENTALE, SPERA DI RITROVARE A MALEGNO GLI STIMOLI GIUSTI PER UN SUCCESSO CHE ANCORA TARDA AD ARRIVARE...

IL PROLOGO DELLA GARA È COME SEMPRE COSTI-TUITO DALLA KERMESSE DELLE AUTO STORICHE: UN CENTINAIO DI VETTURE PRODOTTE TRA IL 1957 E IL 1981. DIVERTIMENTO ASSICURATO PER I GIOVANI E PER I NOSTALGICI DELLE CRONOSCALATE DEL PASSATO.

CONSISTENTE LA PATTUGLIA ROSA, TRA LE CONCORRENTI IVANA ARMENI, ANGELA ANDREOLI, SAMANTA MILANI, SILVANA DI FEO E GIUSEPPA TOCCO.

MOLTI ANCHE I GIOVANI PROVENIENTI DA BRESCIA E DALLA VALLECAMONICA DESIDEROSI DI MISURARSI CON I MAESTRI DELLA SPECIALITÀ. TRA QUESTI DA SEGNALARE: OSCAR RAFFETTI, ALESSIO ARMENI, LUCA TOSINI, ANDREA MAMÈ, FEDERICO DUCOLI, PABLO BIOLGHINI.

MALGRADO L'AMPIA E VALIDA RAPPRESENTATIVA IN CAMPO, NEL "GRUPPO N" NESSUNO RIESCE A CONTRASTARE L'EGEMONIA DI RAINER KRUG; IL TEDESCO, CON LA SUA BMW M3 FA SEGNARE 9' 52" 41 TOTALI E METTE TUTTI IN RIGA !

VEDIAMO SE CAMBIA LA MUSICA NEL "GRUPPO A"...

ANCORA LE BMW A FARLA DA PADRONE! ECCO IL CECO ROBERT SENKYR CHE AVRÀ IL SUO BEL DA FARE CONTRO DEI "MANICI" COME MARCO IACOANGELI, ARMIN HAFNER E RUDI BICCIATO !

MA PIÙ CHE "UN BEL DA FARE" PER ROBERT SENKYR È UN "VINCERE FACILE": 9' 34" 47, CON QUASI SETTE SECONDI DI VANTAGGIO SU IACOANGELI. NEL GRUPPO "CHALLENGE SALITA" LA LOTTA INVECE È PIÙ ASPRA TRA VERI PROTAGONISTI DAL PIEDE PESANTE, COME ALDO BRUSA ...

DAVIDE GRILLO SU RENAULT MEGANE FERMA IL CRONOMETRO SU UN OTTIMO 9' 51" 24! MA NEL GRUPPO DEVONO ANCORA CORRERE AUDI, ALFA ROMEO E FERRARI!

GIORGIO LEONARDI, GIÀ MESSOSI IN EVIDENZA NELLE PRECEDENTI EDIZIONI, CON QUESTA PEUGEOT 306 "KIT" PROVA A DARE UN PO' DI FASTIDIO...

MOLTO FASTIDIO, INFATTI LEONARDI RIESCE A CHIUDERE TERZO IN CLASSE 2000, A SOLO UN SECONDO DAL VINCITORE BRUSA E D'UN NIENTE ALLE SPALLE DI GRILLO. GRAMENZI DOPO IL ROGO DELLA VOLTA SCORSA CI RIPROVA...

QUESTA VOLTA È TUTTO A POSTO! FACCIAMO FUOCO E FIAMME, MA IN UN ALTRO SENSO! ADESSO SARANNO GUAI PER TUTTI!

9' 17" 52 PER LUI, CHE VINCE LA CLASSE 3000 BATTENDO FRANCESCO ABATE!

MANNESMANN
MARTINI
DEKRA
MARTINI
RAU LER

MENTRE SCATTANO DAL VIA LE LANCIA DELTA EVOLUZIONE DI FULVIO GIULIANI E DI ROBERTO DI GIUSEPPE, SUL TRACCIATO SFRECCIA LA FIAMMANTE FERRARI 360 DI STEFANO PIERDOMENICO, CHE PRECEDE QUELLA DELL'ATTESO ISOLANI.

9' 34" 70 È IL TEMPO TOTALE PER ADRIANO ZERLA SU FORD ESCORT WRC! AL MOMENTO SI TROVA A CONDURRE LA CLASSE "GT5"!

Pier
GEL
PIRELLI
PIRELLI
396
TOORA

PURTROPPO PERÒ GIULIANI È COSTRETTO ALLA RESA, SULLA SUA LANCIA DELTA SI ACCENDE INFATTI LA SPIA DELL'OLIO...

AHI, AHI... DEBBO ASSOLUTAMENTE FERMARMI O PROVOCHERÒ DANNI AL MOTORE!

VIA LIBERA QUINDI PER ROBERTO DI GIUSEPPE CHE PERÒ NON RINUNCIA A DAR SPETTACOLO CON L'ALTRA VETTURA TORINESE. I RISULTATI LO PREMIANO: CON UN TEMPO COMPLESSIVO DI 9' 15" 05 DI GIUSEPPE SCAVALCA GRAMENZI E SI PORTA PROVVI- SORIAMENTE IN VETTA ALLA CLASSIFICA ASSOLUTA.

FLUIDO CORSE
GIULIANI F.
399
PONZIO
RAYER
NX

PROTOTIPI IN AZIONE: OSELLA, PICCHIO, LUCCHINI E OLMAS SI SFIDANO PER IL PRIMATO!

www.osella.it
ALCAN
MANIGLIONI ED AUSILI
OMEC

IRLANDO È BRAVISSIMO A PRENDERE SUBITO IN MANO IL COMANDO DELLA SITUAZIONE: 8' 33" 25. SUBITO DIETRO, IL SEMPRE PIÙ PERFORMANTE ANDREA DE BIASI!

NON SARÀ COMUNQUE IL PILOTA PUGLIESE AD AGGIUDICARSI QUESTA EDIZIONE; FAUSTO BORMOLINI FA DECISAMENTE MEGLIO DI LUI, MIGLIORANDO DI OLTRE OTTO SECONDI!
REGOSA INVECE, CHE HA BEN FIGURATO IN PROVA COL SECONDO MIGLIOR TEMPO, GETTA AL VENTO UN'ALTRA OCCASIONE D'ORO. ECCO COS'È ACCADUTO NELLA PRIMA MANCHE DI GARA...

KRII
463
EXPERT
metra
BIESSE CORSE
FLOATEX

... MA È UN SORTILEGIO!!!
QUI A MALEGNO MI VANNO SEMPRE TUTTE STORTE!

IL DRIVER DI CASTELMELLA, TROPPO ATTARDATO DAL TESTACODA APPENA EFFETTUATO, È TAGLIATO FUORI PER LA CORSA AL PODIO. COMPLETA COMUNQUE LA SECONDA MANCHE LOTTANDO PER PUNTARE QUANTOMENO AL PREMIO IDEATO PER IL PRIMO BRESCIANO IN CLASSIFICA.

NELL'AVVICENDARSI DEI CONCORRENTI SOTTO LA BANDIERA A SCACCHI, SUL TRACCIATO SONO ANCORA IN LIZZA IL TREVIGIANO DENNY ZARDO, RENZO NAPIONE E, ULTIMO A LASCIARE I NASTRI DI PARTENZA, FAGGIOLI!

OIL&STEEL
OIL&STEEL

ATTENZIONE !!!
IL NUOVO MIGLIOR TEMPO È STATO FISSATO IN 8' 21" 78 DA OMAR MAGLIONA SU OSELLA PA-20/S BMW. GRAN BELLA SORPRESA !

FAGGIOLI TOTALIZZA 8' 26" 92, COLLOCANDOSI VIRTUALMENTE SULL'ULTIMO GRADINO DEL PODIO: NON È INFATTI RIUSCITO AD IMPENSIERIRE NEPPURE MAGLIONA.
MA NON È ANCORA FINITA !
... E VAI!!!
www.villorbacorse.co
Activa
www.activatech.it
Hotel Villa Fiorita
rbacorse.com

COLPO DI SCENA ALLA "MALEGNO-OSSIMO-BORNO" : 8' 12" 75 !!!
INATTESA SORTITA DEL 27ENNE DENNY ZARDO, RIVELAZIONE DELL'ANNO, CHE CON QUESTA VITTORIA MANTIENE LA LEADERSHIP IN CLASSIFICA EUROPEA! IL CAMPIONATO È SEMPRE PIÙ NELLE SUE MANI !
VASAR
VASAR
AQUARIS

CIVM
ip
ACI Sport
Race Winner
35° TROFEO VALLECA
oselle

IL VINCITORE, DENNY ZARDO, È DUNQUE AFFIANCATO SUL PODIO DAL SORPRENDENTE PILOTA SARDO OMAR MAGLIONA, AUTORE DI UNA SPLENDIDA PRESTAZIONE NELLA SECONDA MANCHE.
FAGGIOLI, CHE ERA UNO DEI FAVORITI, SI VEDE INVECE NEGARE IL PODIO DA UN SEMPRE PIÙ DETERMINATO BORMOLINI.
PER REGOSA LA CONSOLAZIONE DELLA "COPPA PAM": MALGRADO UN MODESTO 12° POSTO FINALE, FIGURA COMUNQUE COME PRIMO BRESCIANO IN GRADUATORIA ASSOLUTA.
PER ZARDO È DAVVERO UNA STAGIONE INDIMENTICABILE, CHE CULMINA CON LA MERITATA CONQUISTA DEL TITOLO CONTINENTALE; È L'OTTAVO PILOTA ITALIANO A RAGGIUNGERE QUESTO TRAGUARDO.

2004
11 LUGLIO: GRAZIE AL NULLAOSTA DELLA "CSAI", LA CORSA CAMUNA TORNA AL CLASSICO TRACCIATO LIBERO DA CHICANES, CON LA CONSEGUENTE POSSIBILITÀ DI UN NUOVO RITOCCO DEI RECORD.
QUESTO NUOVO ATTO DEL CAMPIONATO EUROPEO PRESENTA UN INSOLITO DUELLO TRA LE OSELLA PA-20/S DI REGOSA (CHE DOPO TRE GARE SI TROVA A GUIDARE LA CLASSIFICA DEL "CEM") E FAGGIOLI (AL COMANDO INVECE NELLA SERIE TRICOLORE).
RIPROVIAMOCI ANCORA...
58

TRA I DUE, IL DIRETTO ANTAGONISTA DEL BRESCIANO IN CHIAVE EUROPEA, ANDREA DE BIASI, ANCH'ESSO SU OSELLA PA-20/S.
OUTSIDERS DA CONSIDERARE I RICONFERMATI MAGLIONA E BORMOLINI A LOTTARE PER IL PODIO IN COMPAGNIA DI IRLANDO E CINELLI, TUTTI AL VOLANTE DI UNA OSELLA. TRA LE ESPONENTI DEL GENTIL SESSO LA GIOVANE TRENTINA *GABRIELLA PEDRONI*.

CONSISTENTE LA PARTECIPAZIONE DEI PILOTI DI CASA: OLTRE AI GRADITI RITORNI DEI VALIDISSIMI CHIMINELLI, DE GIACOMI E DUCOLI E ALLE ASSIDUE PRESENZE DI FRANZONI E FAUSTINELLI, TRA LE NUOVE LEVE CAMUNE INIZIANO A EMERGERE DI PREPOTENZA I GIOVANI **ANDREA MAMÈ**, **LUCA TOSINI** E **ALESSIO ARMENI**.

"... SONO AFFEZIONATO A QUESTA CORSA: PAPÀ MI CI PORTAVA SEMPRE DA PICCOLO, QUANDO A CORRERE ERA LUI..."

VIA CON LA GARA! LA KERMESSE, COME ORMAI CONSUETUDINE, SI APRE CON LA COMPETIZIONE DEDICATA ALLE VETTURE D'EPOCA. TRA I PARTECIPANTI ANCHE **ALEX CAFFI**, CHE A 40 ANNI PASSA CON DISINVOLTURA DALLA FORMULA 1 AI RALLIES, SENZA DISPREZZARE QUALCHE CORSA IN SALITA. ECCOLO INFATTI ALLA GUIDA DELLA LOTUS MERCURY DELLO ZIO GUIDO...

NEL "GRUPPO N" I PILOTI STRANIERI SONO IN GRAN SPOLVERO E RIESCONO CON LE LORO PRESTAZIONI A METTERE IN DIFFICOLTÀ ANCHE I PILOTI NOSTRANI ISCRITTI NELLE CLASSI MAGGIORI.
SE NELLA "N-1" E "N-2" VINCONO LE PEUGEOT 106, RISPETTIVAMENTE DI FABRIZIO VETTOREL ED EMANUELE SPOSETTI E, NELLA "N-3" LA HONDA CIVIC DI LUCA TOSINI, A FARE LA VOCE GROSSA PERÒ CI PENSANO LE SOLITE BMW CON LE MITSUBISHI!
RAINER KRUG È FORTEMENTE INTENZIONATO A BISSARE IL SUCCESSO DEL 2003!

LINO VARDANEGA, 9' 41" NETTI. L'ACCLAMATISSIMO ZIO LINO, DA TREVISO, ALLA BELLA ETÀ DI 64 ANNI HA TOTALIZZATO UN GRAN BEL TEMPO FINALE; MA KRUG STA ABBORDANDO IL "DUE PONTI" E NEGLI INTERTEMPI SEMBRA IN VANTAGGIO!

SUBITO DOPO SFRECCIA LA MITSUBISHI LANCER DELLO SLOVACCO **PETER JURENA**, MENTRE SOTTO LA BANDIERA A SCACCHI PASSA LA BMW M3 DI ROLAND FLORIAN CHE, SEPPUR RAPIDISSIMO, NON PREOCCUPA MINIMAMENTE IL POPOLARE ZIO LINO.

LE VETTURE DELLA CASA GIAPPONESE SONO MOLTO UTILIZZATE IN QUESTO PERIODO: CON LE LORO CARATTERISTICHE SIA NELLE GARE IN SALITA SIA NEI RALLIES SI TROVANO A LORO AGIO, INCONTRANDO ANCHE IL FAVORE DEL PUBBLICO DI ENTRAMBE LE SPECIALITÀ.

SULLA LINEA D'ARRIVO KRUG REALIZZA UN TOTALE DI 9' 39" 79! SOLO 1" 21 DAVANTI AL PILOTA VENETO. IL "GRUPPO N" È SUO! MA ANCHE JURENA È FORTISSIMO E SI INSERISCE TRA I DUE CON 9' 40" 97 STACCANDO *VARDANEGA* DI SOLI 3 CENTESIMI! TUTTE PRESTAZIONI ECCELLENTI

NEL "GRUPPO A" I PIÙ ACCREDITATI PER IL SUCCESSO SONO ARMIN BRUNNER SU FORD ESCORT COSWORTH E RUDI BICCIATO SU MITSUBISHI LANCER.
NELLE PRIME CLASSI, DI CILINDRATA INFERIORE, LA VITTORIA IN "A-1" VA A GIOVANNI REA, SU PEUGEOT 106, COL TEMPO DI 10' 32" 62, MENTRE FRANZONI SEMBRA ORMAI ABBONATO ALLA VITTORIA DI CLASSE "A-2" CON LA FIDA CITRÖEN SAXO: 9' 59" 96.

VLADIMIR LISKA VORREBBE INVECE RIFARSI DALLE POCO FORTUNATE ESPERIENZE PRECEDENTI A BORNO.

HA PARLATO IL "DIVERSAMENTE GIOVANE" ZIO FESTER...
ANCHE TU NON SCHERZI CON LA TUA HONDA CIVIC!

A FASI INTERMITTENTI, SOLO SU ALCUNI TRATTI ALTI DEL PERCORSO, UN IMPROVVISO ACQUAZZONE FA LA SUA COMPARSA NEL BEL MEZZO DELLA SECONDA MANCHE, MANDANDO COSÌ A MONTE L'ATTESO CONFRONTO TRA I PRIMATTORI DEL "GRUPPO A" QUANDO BICCIATO, POCO PRIMA DI BORNO, INCAPPA IN UN INCIDENTE...

FORSE RIESCO A PORTARLA FINO ALLA FINE, ORMAI NON MANCANO CHE POCHE CURVE...

ATTENZIONE!
BICCIATO HA DANNEGGIATO LA SUA MITSUBISHI E INTANTO LISKA CHIUDE COL MOMENTANEO MIGLIOR TEMPO: 9' 45" 09. VITTORIA PER LUI IN CLASSE "A-4", COL TEDESCO THORSTEN LOEBER STACCATISSIMO!

L'ATLETA ALTOATESINO TENTA STOICAMENTE DI PROSEGUIRE, MA LA VETTURA DIVIENE INGUIDABILE, CON LA RUOTA ANTERIORE SINISTRA CHE VA PER CONTO SUO.
COSÌ, A SOLI CINQUANTA METRI DAL TRAGUARDO È COSTRETTO AD ARRENDERSI.
MA NON SARÀ IL SOLO...

PARECCHIO SCOMPIGLIO TRA MALEGNO COL SOLE E BORNO CON UN CLIMA QUASI AUTUNNALE. I CONCORRENTI SON RIMASTI SPIAZZATI: SENKYR HA PICCHIATO DURO POCO DOPO OSSIMO! QUESTA VOLTA NON GLI È ANDATA BENE...

GIORGIO LEONARDI, SU AUDI A4, CONFERMA IL SUO TALENTO SIGLANDO IL MIGLIOR RISCONTRO CRONOMETRICO TEMPORANEO – 9' 09" 40 – OTTENENDO NEL CONTEMPO IL SUCCESSO NELLA CLASSE 2000 E ANCHE OTTIME POSSIBILITÀ DI BEN PIAZZARSI PURE NEL RAGGRUPPAMENTO.

C'È ATTESA ANCHE PER IL RALLISTA **ORLANDO REDOLFI** CHE, DOPO QUALCHE ANNO DI ASSENZA, TORNA AD AFFRONTARE I TORNANTI DALLA VALLECAMONICA CON UNA TOYOTA COROLLA WRC.
MA LA NUOVA ESPERIENZA NON SEMBRA AFFATTO ESSERE POSITIVA...

FRATTANTO IACOANGELI RAGGIUNGE BORNO, TOTALIZZANDO 8' 55" 08!
AL MOMENTO È IL MIGLIOR RISULTATO ASSOLUTO E GLI GARANTISCE ANCHE LA VITTORIA NELLA CLASSE E1-3000.

DI GIUSEPPE, CON L'ALFA ROMEO 155, LANCIA LA SFIDA ALLA PORSCHE DI FAUSTINELLI, ALLA LANCIA DELTA DI GIULIANI E ALLA MOSTRUOSA CHRISLER VIPER DI GRAMENZI...

DELUDONO STAVOLTA LE FERRARI 360 MODENA, ANCHE A CAUSA DEL FONDO STRADALE ANCORA UMIDO E INFIDO IN PROSSIMITÀ DI BORNO: ISOLANI, PIERDOMENICO E DAL BEN SON RELEGATI NELLE ULTIME POSIZIONI DI CLASSE "E1+3000", AGEVOLMENTE DOMINATA DA DI GIUSEPPE.
CON L'ARRIVO DI GRAMENZI IN 9' 02" 45 SI CHIUDE ANCHE IL "GRUPPO E-1", CON IACOANGELI MATTATORE INCONTRASTATO.
I PROTOTIPI INTANTO SONO GIÀ IN AZIONE...

QUALCHE EQUIVOCO, GENERATO DALLE NUOVE REGOLE VARATE PER IL "CEM" DALLA "FIA" - LA FEDERAZIONE CHE ORGANIZZA E SOVRINTENDE IL CAMPIONATO CONTINENTALE - CREA DEL MALUMORE TRA I PILOTI DI PUNTA: I PROTOTIPI AMMESSI ALL'ISCRIZIONE, INFATTI, HANNO UNA LIMITAZIONE A 300 CAVALLI, CON UNA MODIFICA AL FONDO DELLE BIPOSTO PER CONTRASTARE L'EFFETTO-SUOLO E UNA ZAVORRA PER RAGGIUNGERE COMPLESSIVAMENTE I 630 CHILOGRAMMI. SONO DIRETTIVE APPLICATE PERÒ SOLO SUI TRACCIATI ITALIANI E NON OSSERVATE NELLE GARE IN ALTRE NAZIONI EUROPEE.
AL MOMENTO È DUNQUE POSSIBILE RITROVARE BEN TRE DIVERSE TIPOLOGIE DI VETTURE:
- QUELLE MESSE A PUNTO PER L'EUROPEO;
- QUELLE PER IL "CIVM";
- QUELLE CHE NON PRENDONO PARTE A NESSUNO DEI DUE CAMPIONATI.
NE CONSEGUE CHE UN CONCORRENTE CHE SI TROVI A VINCERE CON UNA MACCHINA NON CONFORME AD AMBEDUE I REGOLAMENTI, NON PRENDEREBBE PUNTI, MENTRE UN PILOTA ISCRITTO AL "CEM" PUR GIUNGENDO DIETRO DI ESSO IN CLASSIFICA AGLI EFFETTI DEL CEM AVREBBE VINTO LA GARA.
TUTTO CHIARO, SULLA CARTA.
MA SUL CAMPO TUTTO CIÒ SI TRADUCE CON UN PO' DI CONFUSIONE TRA GLI SPETTATORI MENO INFORMATI.

COMPONENTI PER RUBINETTERIE
COMPONENTI PER RUBINETTERIE

PARTITO ANCHE ROSARIO IAQUINTA CON LA SUA "PICCHIO"!

IRLANDO, SU OSELLA PA-21/S HONDA, È APPENA SALITO IN 8' 09" 81 PRECEDENDO IN CLASSIFICA GENERALE KRAMSKY, SU OSELLA-BMW, DI QUASI TRE SECONDI.

ECCO FAGGIOLI!

SIAMO AL SECONDO TORNANTE, LASCIANDO MALEGNO.
IL TOSCANO HA GIÀ VINTO DUE VOLTE IL CAMPIONATO ITALIANO, MA FINORA A BORNO HA SEMPRE FALLITO IL COLPO!

FAGGIOLI REALIZZA UN OTTIMO TEMPO, 8' 06" 78, ALL'ALTEZZA DEL PROPRIO LIVELLO, ANCHE SE BEN LONTANO DAL RECORD DI IRLANDO DEL 1999 SUL PERCORSO COMPLETO SENZA LE CHICANES. IL RISULTATO DI FAGGIOLI È COMUNQUE MIGLIORE DI QUELLO OTTENUTO DAL VINCITORE DELLA SCORSA EDIZIONE, DENNY ZARDO, OGGI PERÒ NON ISCRITTO ALLA COMPETIZIONE CAMUNA.

RUGGISCE ALLO "START" ANCHE L'OSELLA DI BORMOLINI, CHE ALLE PROVE HA BEN IMPRESSIONATO.

ESMALGLASS
592
ESMALGLASS

CONFRONTANDOLO CON QUANTI SONO TRANSITATI PRIMA DI LUI, OGGI DE BIASI CON LA SUA VETTURA SEMBRA QUASI VOLARE!

NUOVO MIGLIOR TEMPO, AD OPERA DI OMAR MAGLIONA: LA SUA OSELLA PA-21/S TAGLIA IL TRAGUARDO IN 8' 05" 78, SUPERANDO CINELLI DI SOLI SEI CENTESIMI! VA DETTO PERÒ CHE IL PILOTA TOSCANO È STATO PENALIZZATO DA UN TESTACODA DURANTE LA PRIMA SALITA.

famila
Rental Colloid
KAYAK
SPORT GLASSES

ANCHE REGOSA, ULTIMO CONCORRENTE DEL GRUPPO, SEMBRA IN GRAN FORMA, ANCHE SE IN REALTÀ NON TUTTO VA LISCIO COME DOVREBBE...

... ACCIDENTI!!! MI È USCITA UNA MARCIA!

www.villorbacorse.com
594
metal
ALUMINIUM V

FANTASTICO BORMOLINI, CHE INFLIGGE A MAGLIONA OLTRE MEZZO SECONDO DI DISTACCO: 8' 05" 26 !!!

DE BIASI HA PERÒ UN RITMO INCONTENIBILE: OLTRE 130 CHILOMETRI ORARI DI MEDIA!

SPETTACOLARE! 7' 54" 56! ENORME IL DISTACCO IMPOSTO A BORMOLINI, MA NON È ANCORA FINITA, TRA POCHI SECONDI ARRIVERÀ REGOSA!

ANDREA DE BIASI
famila
Rental Colloid
KAYA

7' 59" 92! IL PICCOLO PROBLEMA DELLA MARCIA ALLA PARTENZA HA INDUBBIAMENTE FATTO PERDERE DEL TEMPO PREZIOSO AL BAFFO VOLANTE, MA I CINQUE SECONDI ABBONDANTI DI VANTAGGIO DI DE BIASI NON SONO TUTTI DA IMPUTARE A QUEL BANALE PROBLEMA. FORSE PER REGOSA NON È ANCORA IL MOMENTO GIUSTO O FORSE SULLA SUA STRADA HA INCONTRATO QUALCHE ALTRO IMPACCIO, CHISSÀ. FATTO STA CHE DE BIASI È L'UNICO, TRA TUTTI I CONCORRENTI, AD AVER CHIUSO ALMENO UNA MANCHE SOTTO I QUATTRO MINUTI, E ORA TIENE IN SCACCO IL DRIVER BRESCIANO, SCAVALCANDOLO ANCHE AL VERTICE DELLA CLASSIFICA CONTINENTALE.

PER QUEL CHE RIGUARDA I CAMPIONATI, LA DELUSIONE BORNESE DI REGOSA VIENE PERÒ COMPENSATA A FINE STAGIONE COL SUO PRIMO E MERITATO TRIONFO NEL CAMPIONATO EUROPEO DELLA MONTAGNA, MENTRE IL "CIVM" RESTA PER IL TERZO ANNO CONSECUTIVO NELLE MANI DI FAGGIOLI. MA ANCHE IL 2005 POTREBBE RISERVARCI DELLE BELLE SORPRESE...

2005

26 GIUGNO, LA NOVITÀ DI QUESTA TRENTASETTESIMA EDIZIONE È CHE QUEST'ANNO, ANCHE NELLE GARE IN SALITA NAZIONALI, SONO AMMESSE LE MONOPOSTO A RUOTE SCOPERTE. SI POSSONO AMMIRARE QUINDI VETTURE DI FORMULA 3000 COME LOLA E REYNARD, MA ANCHE PICCOLI GIOIELLI ARTIGIANALI COME LA *GHIPARD*, PORTATA IN GARA DA NINO GHIDINI E ANGELA ANDREOLI.

DOPO AVER PRESO PARTE AD ALCUNE EDIZIONI, BEN FIGURANDO MA SENZA TROPPE AMBIZIONI, NELLE "AUTO STORICHE", *ALEX CAFFI* DECIDE DI PUNTARE IN ALTO ISCRIVENDOSI ALLA GARA BRESCIANA CON UNA *LOLA ZYTEK F.3000* NEL CHIARO INTENTO DI VINCERLA.

QUESTA VOLTA NON MANCA PROPRIO NESSUNO, DAI CAMPIONI IN CARICA REGOSA E FAGGIOLI ALL'ULTIMO VINCITORE DE BIASI, POI ANCORA ZARDO, IRLANDO E IAQUINTA. CONCORRONO PER IL "CEM" ANCHE L'UNGHERESE LASZLO SZASZ, IL CECO KRAMSKY E GLI ALTRI ITALIANI RENZO NAPIONE E FAUSTO D'ALPAOS. UN PARCO PARTENTI VERAMENTE INVIDIABILE!
ANCHE IL SESSANTATREENNE ADRIANO PARLAMENTO VUOL ESSERE DELLA PARTITA E, DOPO QUALCHE ANNO DI ASSENZA, SI RIPRESENTA A MALEGNO CON UNA VECCHIA MARCH DI FORMULA 3. MA IL DIRETTORE DI GARA VUOLE ESCLUDERLO DALLA LISTA DEI CONCORRENTI...
SEI ARRIVATO TROPPO TARDI, LE PUNZONATURE TECNICHE SONO TERMINATE E NON POSSIAMO VERIFICARE LA TUA MONOPOSTO PER LA GARA!
INOLTRE LA TUA VETTURA È TROPPO VECCHIA PER POTERLA INSERIRE TRA LE VETTURE MODERNE, MA NON ABBASTANZA PER ACCETTARLA TRA QUELLE STORICHE.
... MI DISPIACE MOLTO, MA NON MI È STATO PROPRIO POSSIBILE ARRIVARE PRIMA.
PUR DI ESSERE AMMESSO ALLA PARTENZA IL PILOTA PIEMONTESE, AFFEZIONATO A QUESTA CORSA, RICORRE A UN GENIALE ESCAMOTAGE.
NON SI PUÒ PER FAVORE CHIUDERE UN OCCHIO? ALTRIMENTI RISCHIO DI ESSER VENUTO SIN QUA DA BIELLA INUTILMENTE!
ASCOLTA, MI È VENUTA UN'IDEA! AVETE DUE APRIPISTA: UNA FERRARI E UN CAMION ... IO POTREI FARE IL TERZO! CHE NE DICI?

LA PROPOSTA VIENE ACCOLTA E PARLAMENTO È FELICE DI POTERSI AGGREGARE ALLA PASSERELLA CHE FARÀ DA PROLOGO ALLA COMPETIZIONE.
LA DOMENICA TUTTO È PRONTO; COME SEMPRE SONO LE AUTO STORICHE AD APRIRE LE DANZE, CON ALCUNI PILOTI ANCHE ATTEMPATI MA INDOMITI, COME L'OTTANTENNE MILANESE ARRIGO COCCHETTI , UNO DEI POCHI ANCORA VIVENTI AD AVER CORSO LA "VERA" MILLE MIGLIA, LA PRIMA VOLTA NEL 1953!
8

LA PRIMA MANCHE È UN VERO SPETTACOLO, CON CAFFI CHE SUSCITA SUBITO GRANDE ENTUSIASMO.
Bin
moretti acciai
Mazzoli flex
AFER
fabl
358
Comejo
ZORZETTO

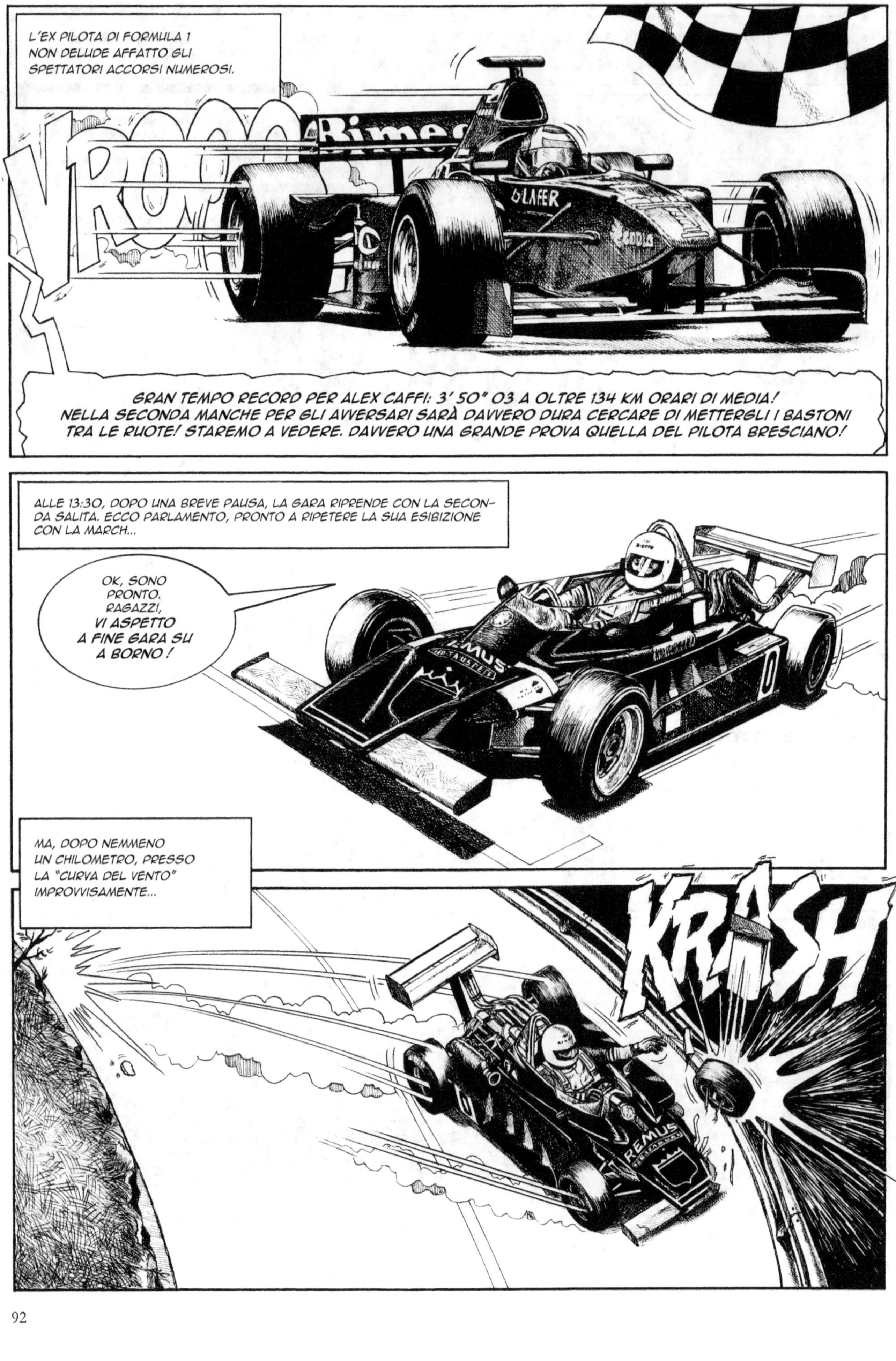

L'EX PILOTA DI FORMULA 1 NON DELUDE AFFATTO GLI SPETTATORI ACCORSI NUMEROSI.
VROOOO
GRAN TEMPO RECORD PER ALEX CAFFI: 3' 50" 03 A OLTRE 134 KM ORARI DI MEDIA!
NELLA SECONDA MANCHE PER GLI AVVERSARI SARÀ DAVVERO DURA CERCARE DI METTERGLI I BASTONI TRA LE RUOTE! STAREMO A VEDERE. DAVVERO UNA GRANDE PROVA QUELLA DEL PILOTA BRESCIANO!

ALLE 13:30, DOPO UNA BREVE PAUSA, LA GARA RIPRENDE CON LA SECONDA SALITA. ECCO PARLAMENTO, PRONTO A RIPETERE LA SUA ESIBIZIONE CON LA MARCH...
OK, SONO PRONTO. RAGAZZI, VI ASPETTO A FINE GARA SU A BORNO!
MA, DOPO NEMMENO UN CHILOMETRO, PRESSO LA "CURVA DEL VENTO" IMPROVVISAMENTE...
KRASH

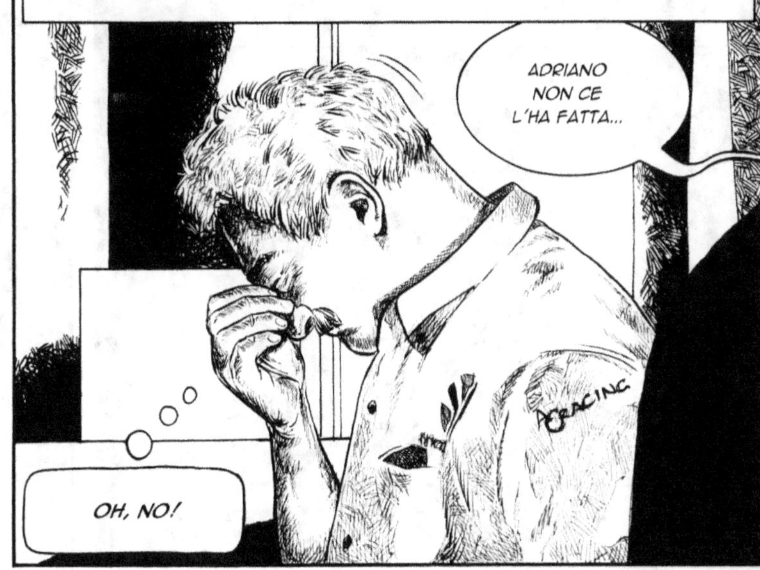

LA GARA VIENE INTERROTTA PER INDIVIDUARE LE CAUSE DELL'INCIDENTE. NELL'IMMEDIATO VENGONO PRESE IN CONSIDERAZIONE VARIE IPOTESI, ALCUNE VEROSIMILI E ALTRE DECISAMENTE FANTASIOSE. TOCCHERÀ ALLA MAGISTRATURA RILEVARE I PARTICOLARI.
INTANTO, PURTROPPO, L'UNICA CERTEZZA È L'IMPROVVISA SCOMPARSA DI UN BENIAMINO DEL PUBBLICO, BENVOLUTO ANCHE DA TUTTO L'AMBIENTE MOTORISTICO, CHE LO CONOSCEVA DA TRENT'ANNI COME VALIDO E GENE-ROSO ESPONENTE DELLE CRONOSCALATE DI TUTTA EUROPA.

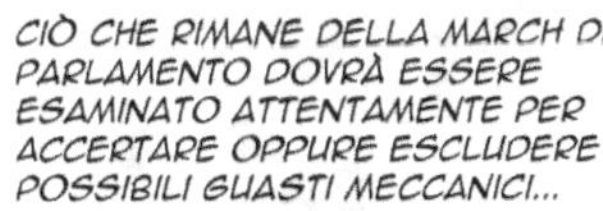

PARLAMENTO NON STAVA SALENDO FORTE, LA SUA DOVEVA ESSERE SOLO UNA FESTOSA ESIBIZIO-NE, INSIEME ALLE ALTRE VETTURE PORTATE DAGLI SPONSOR, E NULLA POTEVA LASCIAR PRESAGIRE UN SIMILE EPILOGO.

LA GARA VIENE DEFINITIVAMENTE SOSPESA.
SE ANCHE AVESSE AVUTO LUOGO IL SECONDO "ROUND", NESSUNO CERTO SE LA SAREBBE SENTITA DI PRENDERE IL VIA.

LA COMPETIZIONE VIENE CONSIDERATA CONCLUSA AL TERMINE DELLA PRIMA MANCHE, CON L'ASSE-GNAZIONE DEI PUNTEGGI DIMEZZATI AI CONCORRENTI.
ALEX CAFFI VIENE DECRETATO VINCITORE E DETENTORE DEL NUOVO RECORD DELLA PISTA, DAVANTI RISPETTIVAMENTE A SIMONE FAGGIOLI E A DENNY ZARDO.

IL CLIMA DURANTE LE PREMIAZIONI È MALINCONICO E COMPASSATO. IL VINCITORE SI UNISCE A TUTTI I CONCORRENTI IN UN MOMENTO DI SILENZIO PER COMMEMORARE L'AMICO E COLLEGA TRAGICAMENTE SCOMPARSO.

CALA QUINDI TRISTEMENTE IL SIPARIO SU QUESTA "MALEGNO-OSSIMO-BORNO" CHE GLI SPORTIVI NON RIUSCIRANNO MAI PIÙ A DIMENTICARE.
DOVRÀ PASSARE UN PO' DI TEMPO PRIMA DI RICOMINCIARE A PENSARE ALLA PROSSIMA EDIZIONE.

C'È LA STRANA SENSAZIONE DI CORRERE QUALCHE RISCHIO DI TROPPO IN UNA GARA DI CUI COMUNQUE SUBISCO SEMPRE IL FASCINO.
SFRECCIARE TRA BOSCHI E PRATI DÀ SENSAZIONI MOLTO PARTICOLARI, CAPISCO QUINDI LA PASSIONE CHE ANIMAVA PARLAMENTO.
IO MI ERO ISCRITTO PER CELEBRARE IL 40° ANNIVERSARIO DELLA VITTORIA QUI A BORNO DI MIO PADRE ANGELO, MA DI FRONTE A UN SIMILE EVENTO NON HO PROPRIO ALCUNA VOGLIA DI FESTEGGIARE ...

IL TRENTOTTESIMO ATTO È PREVISTO PER I GIORNI 16-17-18 GIUGNO 2006. MA A POCHI GIORNI DALLO SVOLGIMENTO, ALL'ORGANIZZAZIONE VIENE NEGATO IL NULLAOSTA DA PARTE DELLA PROVINCIA DI BRESCIA.

LA MAGISTRATURA, INFATTI, NON HA ANCORA CHIUSO L'INCHIESTA RELATIVA ALL'INCIDENTE MORTALE OCCORSO NEL 2005 AD ADRIANO PARLAMENTO.

TUTTO È RINVIATO NELLA SPERANZA DI RIUSCIRE AD ANDARE IN SCENA ENTRO L'ANNO.

MA POI LA STAGIONE SI AVVIA VERSO LA FINE E LA "MALEGNO-OSSIMO-BORNO" PURTROPPO SALTA.

2007

LA CORSA TORNA DOPO UN ANNO DI PAUSA, IL 17 GIUGNO 2007.
LO STOP FORZATO HA PERÒ CAUSATO LA PERDITA DI OGNI VALIDITÀ UFFICIALE ("CEM" E "CIVM"), SICCHÉ RESTA LA SOLA CALENDARIZZAZIONE NEL "TROFEO ITALIANO VELOCITÀ MONTAGNA" (TIVM), UNA SORTA DI SERIE CADETTA, INSOMMA UN VERO E PROPRIO DECLASSAMENTO DELLA STORICA COMPETIZIONE CAMUNA.
SI RIPARTE COSÌ UN PO' IN SORDINA, CON UN CENTINAIO SCARSO DI ISCRITTI E SOLAMENTE UNA DECINA DI VETTURE PROTOTIPO.
RIMANE INVARIATA LA FORMULA DELLE DUE MANCHES CON SOMMA DEI TEMPI.

LA SCARSA RISONANZA - QUASI INDIFFERENZA - DA PARTE DEI MEDIA, HA PROVOCATO L'ASSENZA DEL GRANDE PUBBLICO DEGLI ANNI PASSATI, MA NON QUELLA DEI MIGLIORI DRIVER ITALIANI: FAGGIOLI SI RIPROPONE CON UNA SUA PERSONALE SQUADRA CORSE PORTANDO IN FORZA IL GIOVANE DAVID BALDI, MA C'È ANCHE IL CAMPIONE EUROPEO IN CARICA, GIULIO REGOSA.
IL BRESCIANO, REDUCE DA UN INCIDENTE A UNA RECENTE PROVA DI "CIVM" IN FRIULI, STA ALACREMENTE LAVORANDO SULLA SUA OSELLA PA-21/S NEL TENTATIVO DI RIPARARLA IN TEMPO UTILE.

DAVID... FORSE FAGGIOLI NON CE LA FA A DISPUTARE LA GARA... STA INTERVENENDO SULLA MACCHINA DI GIULIO!

IL CAMUNO ZERLA, A OLTRE VENT'ANNI DAL SUO ESORDIO, STA INIZIANDO A RACCOGLIERE IMPORTANTI SODDISFAZIONI DA QUANDO È PASSATO ALLE VETTURE OSELLA, A TAL PUNTO DA DECIDERE DI PRENDER PARTE, OLTRE ALLA CORSA DI CASA, ANCHE A TUTTO IL "CIVM". ALTRI NOMI NUOVI NEL PANORAMA BRESCIANO INIZIANO A METTERSI IN LUCE, COME ILARIO BONDIONI, GIULIO PANTEGHINI, GIORGIO MENDENI E GIUSEPPE CAMANINI.

GRADITO RIENTRO DI FRANCESCO ABATE, CHE VINCE IL "GRUPPO N" SU BMW M3! LA VETTURA TEDESCA È PROTAGONISTA ANCHE NEL "GRUPPO A" CON LA VITTORIA DI ARMIN HAFNER. IN AZIONE ORA CAMANINI SU RENAULT CLIO V6 NEL "GRUPPO E-1"!

NEL FRATTEMPO, SIMONE FAGGIOLI CONFERMA LA SUA RINUNCIA A SCENDERE IN PISTA PERCHÉ VUOL CONSENTIRE AI SUOI MECCANICI DI COMPLETARE LA MESSA A PUNTO DELL'OSELLA DI GIULIO REGOSA, CHE A QUELLA CHE CONSIDERA LA GARA DI CASA TIENE SEMPRE IN MODO PARTICOLARE...

ANCHE WALTER SANTUS TORNA A MALEGNO DOPO ALCUNI ANNI DI ASSENZA. SICURAMENTE CON LA SKODA FABIA WRC CI REGALERÀ UN BUON RISULTATO!

... INFATTI: 8' 45" 04, QUESTO IL TEMPO FINALE DI SANTUS. UN RISULTATO CHE AL MOMENTO LO COLLOCA AL SECONDO POSTO NEL "GRUPPO E-1", DIETRO AL "DELTONE" DI FULVIO GIULIANI, MA DAVANTI ALL'AUDI A4 DEL SEMPRE COMPETITIVO LEONARDI.

ECCO ADRIANO ZERLA, CHE PURTROPPO HA COMPROMESSO L'ESITO DELLA SUA GARA CON UN TESTACODA NELLA PRIMA MANCHE ...

IL TEMPO CHE ZERLA OTTIE- NE CON LA SECONDA PROVA È UN DISCRETO 4' 07" 48, CHE TUTTAVIA, SOMMATO COL PRECEDENTE, LO ESCLUDE DALLA LOTTA PER IL PODIO. INTANTO REGOSA CE L'HA FATTA: LA SUA OSELLA È STATA MESSA A PUNTO E ORA STA LOTTANDO PER IL VERTICE, ANCHE SE APPARE ANCORA UN PO' CONDIZIO- NATO DALL'INCIDENTE AVUTO ALLA "VERZEGNIS-SELLA" ...

BOOAA

VISIBILMENTE PIÙ DETERMINA- TO È INVECE DAVID BALDI! QUASI UNA SORPRESA PER MOLTI SPORTIVI BRESCIANI CHE ANCORA NON NE CONO- SCONO LE POTENZIALITÀ, PUR AVENDOLO GIÀ AMMIRA- TO IN ALCUNE OCCASIONI ALLE PRESE CON LE AUTO STORICHE.

... E INFATTI CHIUDE CON UNO SPLENDIDO 8' 03" 01 TOTA-LE, UN TEMPO LONTANO DAL RECORD DI IRLANDO – CHE RESISTE DAL 1999 – MA CHE CONTA BEN 10 SECONDI DI MARGINE SU REGOSA.

FESTA A METÀ INVECE PER GIULIO REGOSA, CHE OGGI A BORNO COLLEZIONA IL SUO NONO PODIO, MA A CUI ANCORA UNA VOLTA SFUGGE LA POSSIBILITÀ DI ASSAPO-RARE IL GUSTO DELLA VITTO-RIA NELLA GARA CHE CONSI-DERA DI CASA.

A COMPLETARE IL TRITTICO SUL PODIO, ANCHE SE MOL-TO DISTANZIATO DAI PRIMI DUE, MASSIMO COZZOLI ANCH'ESSO SU OSELLA PA-21/S.

L'IMPEGNO DEGLI ORGANIZZATORI SI INTENSIFICA MAG-GIORMENTE IN VISTA DELL'EDIZIONE 2008. L'OBIETTIVO È QUELLO DI FAR RIENTRARE IL "TROFEO VALLECAMONICA" ALMENO NEL "CIVM".
BENCHÉ GLI 8.800 METRI DEL TRACCIATO ABBIANO ORA TUTTE LE CARTE IN REGOLA, IN TERMINI DI SICUREZZA, PER RIOTTENERE QUESTO RICONOSCIMENTO, LA CORSA TUT-TAVIA VIENE NUOVAMENTE ESCLUSA DALLA "SERIE A" DEL CALENDARIO SPORTIVO NAZIONALE.
POCO MALE PERÒ, IL 22 GIUGNO 2008 NON CI SONO IN ITALIA ALTRE CRONOSCALATE, COSÌ I MIGLIORI SI RITRO-VANO COMUNQUE TUTTI IN VALCAMONICA, COME SIMONE FAGGIOLI, CHE STA FACENDO MAN BASSA DI CAMPIONATI ITALIANI, AVENDONE VINTI SIN QUI BEN CINQUE, GLI ALTRI DUE TOSCANI CINELLI E BALDI, I FEDELISSIMI REGOSA, ZERLA E BORMOLINI, L'EX CAMPIONE ITALIANO MIRKO SA-VOLDI E UN GIOVANE TRENTINO DI NOME CHRISTIAN MERLI CHE STA INIZIANDO PIAN PIANO A FAR PARLARE DI SÉ.

L'APERTURA DELLA GARA È DELEGATA ALL'ORMAI IRRINUNCIABILE PARATA DELLE AUTO STORICHE.

PAOLO CARLO BRAMBILLA, AL VOLANTE DELLA SUA FEDELE *ABARTH 1000 OTS* , CORRE IN NOME DELL'AMICO ARRIGO COCCHETTI, RECENTE-MENTE SCOMPARSO...

È QUESTA L'ULTIMA EDIZIO-NE DELLA "MALEGNO-BORNO" PER BRAMBILLA.

IL VETERANO DRIVER MILA-NESE HA DECISO CHE È GIUNTO IL MOMENTO DI SCRIVERE LA PAROLA FINE: A 81 ANNI CHIUDERÀ LA SUA CARRIERA FESTEGGIANDO, NELLA PROSSIMA STAGIO-NE, LA BELLEZZA DI SES-SANTA ANNI DI GARE.
LA PRIMA, NEL LONTANO 1950, ALLA "COPPA INTE-REUROPA" SUL CIRCUITO DI MONZA CON UNA FIAT TO-POLINO; L'ULTIMA NEL 2009 ALLA NEONATA CRO-NOSCALATA "MARONE-ZONE" SUL LAGO D'ISEO, AL VOLANTE DI UNA ABARTH 750 GTS.
SESSANT'ANNI, SEPPUR CON QUALCHE INTERRUZIO-NE DOVUTA A IMPEGNI LA-VORATIVI E PROBLEMI FAMI-LIARI, CHE NON HANNO MAI SOPITO LA SUA GRANDE PASSIONE PER I MOTORI!

RIAPPARE, DOPO TANTI ANNI, ABELE TANGHETTI, NOTO NEGLI ANNI '70 COME "TANGO"; SI PRESENTA CON UNA BMW M3. HA UN POCO DI RUGGINE DA SCROLLARSI DI DOSSO, MA IL RESPONSO DEL CRONOMETRO TUTTO SOMMATO È CLEMENTE: 9' 55" 93.
MA È NUOVAMENTE **FRANCESCO ABATE**, SU BMW M3, A DOMINARE IL "GRUPPO N", 9' 09" 89 E OLTRE 112 KM ORARI DI MEDIA, RIFILANDO A DUCOLI, SU MITSUBISHI LANCER, QUALCOSA COME 21 SECONDI!

BEL SUCCESSO DI BRUNO NEGRENTE IN "N-2000". IL TEMPO DI 9' 32" 48 OTTENUTO CON LA SUA HONDA CIVIC TYPE-R LO PONE SUL GRADINO PIÙ BASSO DEL PODIO DEL "GRUPPO N"!

NEL "GRUPPO A" DESTA STUPORE MICHELE GHIRARDO: SU UNA PICCOLA HONDA CIVIC-R OTTIENE UN INCREDIBILE 9' 15" 25 CHE, NON SOLO GLI REGALA LA VITTORIA IN CLASSE 1600, MA GLI CONSENTE DI SURCLASSARE ANCHE TUTTI I FORTI CONCORRENTI DELLA CLASSE 2000, COME ALEX URTHALER, STEFANO FALCETTA E "ZIO FESTER", CONQUISTANDO AUTOREVOLMENTE TUTTO IL RAGGRUPPAMENTO!

IL "GRUPPO E-1" OFFRE UN BEL CONFRONTO TRA I GIOVANI LUCA TOSINI E CESARE BRUSA. QUEST'ULTIMO, CON UNA AUDI A4 "SUPERTURISMO", IMPRESSIONA TUTTI IN 8' 49" 23, BATTENDO DI QUASI DUE SECONDI IL RIVALE CAMUNO NELLA CLASSE 2000.

MA, BENCHÉ BRILLANTI, LE LORO PRESTAZIONI NON POSSONO COMPETERE CONTRO LE VETTURE DELLA CATEGORIA SUPERIORE, COME L'ALFA ROMEO 155 CONDOTTA DA **FRANCO PERINI**...

8' 40" 95 : NOTEVOLE !!! NEPPURE GIULIANI CON LA SUA MOSTRUOSA LANCIA DELTA È RIUSCITO A FARE MEGLIO, ACCUSANDO UN DIVARIO DI UN SECONDO E MEZZO !

GRANDE SPETTACOLO VIENE OFFERTO ANCHE DAI "MOSTRI" DEI GRUPPI "GT": FERRARI, PORSCHE, CHEVROLET E LOTUS, CHE, SFIDANDOSI SUL PERCORSO SFIORANDO ROCCE, MURETTI E GUARD-RAILS, COMUNQUE FATICANO A SCARICARE SULL'ASFALTO TUTTA LA POTENZA CHE POSSIEDONO!

SEMBRA IERI, EPPURE DA QUELLA MIA PRIMA GARA CON LA PEUGEOT 205 SON PASSATI VENT'ANNI...

MIRKO ZANARDINI AL MOMENTO HA IL MIGLIOR TEMPO ASSOLUTO, 8' 38" 49, STABILITO ALLA GUIDA DI UNA PORSCHE 997 "CUP" ! ROBERTO RAGAZZI, SU FERRARI F430, È A OLTRE 13 SECONDI. MA ECCO UN'ALTRA PORSCHE: È LA 911-RSR DI FABIO FAUSTINELLI!

8' 30" 64 PER FAUSTINELLI! IL PILOTA DI BRENO HA MESSO A FRUTTO LA SUA VENTENNALE ESPERIENZA REALIZZANDO UN TEMPO VALIDO PER LOTTARE PER I PRIMI POSTI NELLA CLASSIFICA GENERALE E SBANCANDO, DI FATTO, L'INTERO RAGGRUPPAMENTO DELLE "GT"! IN QUESTA EDIZIONE RITORNANO LE MONOPOSTO: REGOSA HA TRA LE MANI UNA LOLA B99/50 DI FORMULA 3000, MA PER LUI È UN'INCOGNITA, NON AVENDO AVUTO IL TEMPO DI TESTARLA SUL NUOVO AUTODROMO DI FRANCIACORTA, A CASTREZZATO, DOVE INVECE HAN PROVATO ALTRI SUOI COLLEGHI.

ANCORA UNA VOLTA I FANS DI FAGGIOLI RIMANGONO CON UN PO' DI AMARO IN BOCCA. POICHÉ ISCRITTO ANCHE IN QUALITÀ DI TEAM MANAGER, FAGGIOLI ANZICHÉ CORRERE PREFERISCE CONCENTRARE IL SUO IMPEGNO NELL'ASSISTENZA ALLE SUE VETTURE: L'OSELLA PA-21/S AFFIDATA A GIANLUCA CALDANI E LA LOLA B02/50 A DISPOSIZIONE DI DAVID BALDI.

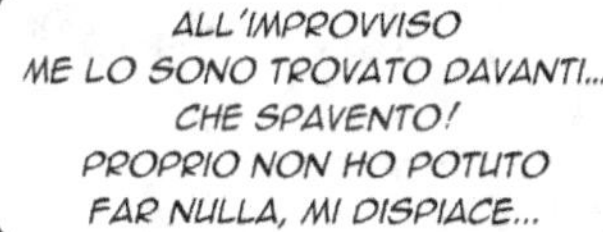

SPERO DI NON DELUDERE NESSUNO MA I MIEI RAGAZZI HANNO BISOGNO DI SUPPORTO TECNICO!

CONTINUA INTANTO IL SUO BUON MOMENTO DI ZERLA, CHE METTE A SEGNO UN BUON 8' 011" 43, UN TEMPO CHE GLI VALE IL MOMENTANEO PRIMO POSTO TRA LE VETTURE PROTOTIPO.

UNO DEI PROTAGONISTI PIÙ ATTESI È CHRISTIAN MERLI, CHE DA QUALCHE TEMPO È IN GRADO DI INSIDIARE LA SUPREMAZIA DI CAMPIONI PLURITITOLATI.
MA IL SUO È UN WEEKEND POCO FORTUNATO: UN PICCOLO INCIDENTE LO HA MES-SO FUORI GIOCO ALLE PROVE DI SABATO E IN GARA, DOPO SOLI 100 METRI, SI RITROVA COL MOTORE IN PANNE...

STESSA SORTE TOCCA ANCHE A BORMOLINI, ANCH'EGLI FERMO A POCA STRADA DAL VIA.

CONTRO LA LOLA B96/50 DI **UBERTO BONUCCI** CI SI METTE PURE UN CANE, SFUGGITO CHISSÀ DA DOVE. IL PILOTA NON FA IN TEMPO AD EVITARLO...

ALL'IMPROVVISO ME LO SONO TROVATO DAVANTI... CHE SPAVENTO! PROPRIO NON HO POTUTO FAR NULLA, MI DISPIACE...

IL DANNO CAUSA-TO ALLA LOLA ALLA FINE È DI POCO CONTO, MA QUANTO BASTA PER RENDERE INUTILE RIPRENDE-RE LA COMPETI-ZIONE. LA GARA PER IL PILOTA BOLOGNE-SE È PURTROPPO COMPROMESSA.

POVERA BESTIOLA...

3' 50" 68 PER DAVID BALDI!
ANCHE LUI È STATO
STRAORDINARIO,
MA OGGI GIULIO REGOSA
HA AVUTO UNA MARCIA
IN PIÙ!

FINALMENTE, UN MERITATISSIMO TRIONFO
PER IL TENACE CAMPIONE DI CASTELMELLA,
UN TRIONFO TANTO ATTESO E ARRIVATO
ALLA BELLA ETÀ DI 60 ANNI E A TRENTASEI
DALL'ESORDIO, QUANDO VINSE A BORNO IL
"GRUPPO 1" NEL 1972.
TANTA GIOIA MA ANCHE TANTA COMMOZIONE
PER LUI.

CON DAVID BALDI E FRANCO CINELLI RISPETTIVAMENTE AL SECONDO E TERZO POSTO ASSOLUTO, UN'ALTRA BELLA SORPRESA ARRIVA DA *MIRCO SAVOLDI* CHE, CON LA SUA *GLORIA C7P-1600*, SALE FINO AL QUINTO POSTO SCALZANDO DI CLASSIFICA CONCORRENTI CON VETTURE DI CILINDRATA SUPERIORE!

L'OTTIMO SUCCESSO OTTENUTO QUEST'ANNO ALLA "MALEGNO-OSSIMO-BORNO" È DI BUON AUSPICIO PER IL FUTURO; GIÀ SI PREGUSTA IL POSSIBILE RITORNO DELLA "CLASSICA" CAMUNA TRA LE PROVE VALIDE PER IL "CIVM". ALLE SOGLIE DELL'EDIZIONE NUMERO 40, L'INSERIMENTO NEL "CIVM" SAREBBE UNA BELLA OPPORTUNITÀ DI RILANCIO IN GRANDE STILE, MA IL 2009 PURTROPPO NON PORTA BELLE NOTIZIE...

L'*AUTOMOBILE CLUB BRESCIA* ENTRA IN UNA IMPORTANTE FASE DI RIVOLUZIONE AI VERTICI, DURANTE LA QUALE AL PRESTIGIOSO ENTE VIENE MOMENTANEAMENTE PRECLUSA LA POSSIBILITÀ DI ORGANIZZARE MANIFESTAZIONI MOTORISTICHE SUI TERRITORI DI COMPETENZA. IN UN PRIMO MOMENTO IL PERIODO RIORGANIZZATIVO SEMBRA POTERSI RISOLVERE IN TEMPI BREVI, TANT'È CHE LA GARA CAMUNA, INIZIALMENTE PREVISTA PER IL MESE DI GIUGNO 2009, VIENE PROCRASTINATA A SETTEMBRE. MA LA SITUAZIONE PERDURA TUTTA L'ESTATE, SENZA DARE PARVENZA DI VOLERSI SBLOCCARE, E COSÌ, PURTROPPO, ANCHE QUEST'ANNO LA CRONOSCALATA SUBISCE UNA NUOVA INTERRUZIONE.

IL FIORE ALL'OCCHIELLO DELL'ACI BRESCIA TORNA IL 27 GIUGNO 2010, CLASSIFICATO COME "GARA NON TITOLATA". SI RICOMINCIA TUTTO DA CAPO.
BUONA COMUNQUE LA RISPOSTA DEGLI ISCRITTI, ACCORSI IN 150. FA SCALPORE IL RITORNO DI MAURO NESTI. IL PILOTA PISTOIESE HA ORMAI 75 ANNI MA, NON AMANDO RIMANERE CHIUSO NELLA PROPRIA CASA DI BARDALONE A FARE IL PENSIONATO DEL VOLANTE, RIAPRE IL GARAGE, RISPOLVERA LA SUA VECCHIA OSELLA PA-9/90, COMPAGNA DI MILLE BATTAGLIE, E RIPRENDE PER DIVERTIMENTO A DANZARE TRA I TORNANTI DELLE PIÙ BLASONATE CORSE IN SALITA NELLE SFILATE RISERVATE ALLE AUTO D'EPOCA, COME LA "TRENTO-BONDONE" E LA "LIMA-ABETONE". INIZIALMENTE È UN PO' ARRUGGINITO DALL'INATTIVITÀ, MA GARA DOPO GARA RIACQUISISCE CONFIDENZA E A MALEGNO, DOVE MANCA DA UNDICI ANNI, SI RIPRESENTA IN OTTIMA FORMA FISICA.
2010
TEMPO FA MI CONFERIRONO UNA PERGAMENA CON LA CITTADINANZA ONORARIA DI BORNO... ORA, DOPO TANTI ANNI, SON TORNATO PER FARMI "CONSEGNARE LE CHIAVI"...

TRA LE VETTURE MODERNE MANCANO MOLTI DEI PROTAGONISTI NAZIONALI.
TRA I FAVORITI MERLI E REGOSA SI INSERISCE QUEST'ANNO ANCHE ADRIANO ZERLA, CHE AVENDO FINALMENTE CONQUISTATO LE SUE PRIME VITTORIE ASSOLUTE ENTRA DI DIRITTO TRA I BIG DELLA SPECIALITÀ.
QUESTA VOLTA HO A DISPOSIZIONE UNA NUOVA OSELLA PA-30 CON LA QUALE POTRÒ DAVVERO PUNTARE IN ALTO!

NELLA CONSUETA APERTURA RISERVATA ALLE AUTO STORICHE NESTI SEMBRA AVERE VIA LIBERA, GRAZIE ANCHE AL RITIRO, PER UN GUASTO MECCANICO, DI UBERTO BONUCCI. IL VECCHIO "RE DELLA MONTAGNA" ONORA LA SUA STORICA REPUTAZIONE VINCENDO IL RAGGRUPPAMENTO CON UN OTTIMO 8' 48" 68 TOTALE, UN TEMPO CHE NELLA GRADUATORIA DELLE VETTURE MODERNE LO COLLOCHEREBBE ANCORA TRA I PRIMI 10 ASSOLUTI!

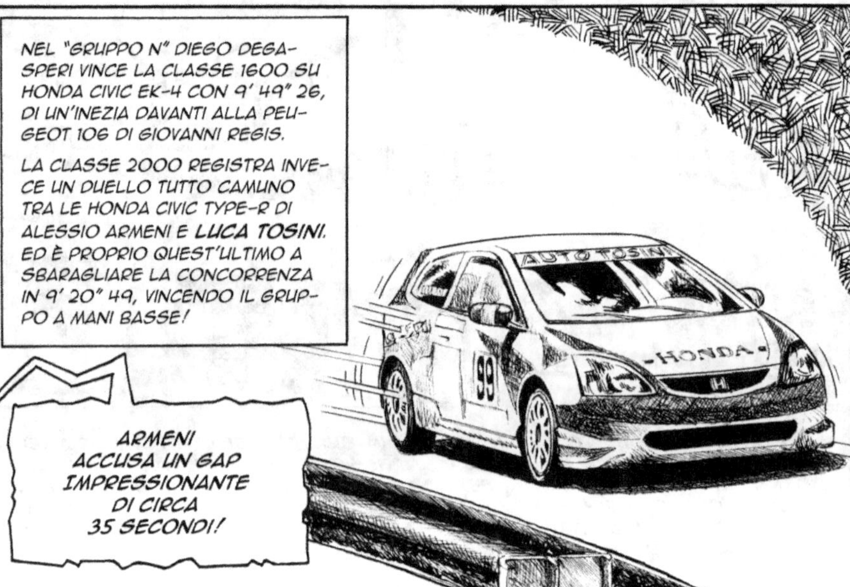

NEL "GRUPPO N" DIEGO DEGASPERI VINCE LA CLASSE 1600 SU HONDA CIVIC EK-4 CON 9' 49" 26, DI UN'INEZIA DAVANTI ALLA PEUGEOT 106 DI GIOVANNI REGIS.
LA CLASSE 2000 REGISTRA INVECE UN DUELLO TUTTO CAMUNO TRA LE HONDA CIVIC TYPE-R DI ALESSIO ARMENI E LUCA TOSINI. ED È PROPRIO QUEST'ULTIMO A SBARAGLIARE LA CONCORRENZA IN 9' 20" 49, VINCENDO IL GRUPPO A MANI BASSE!
ARMENI ACCUSA UN GAP IMPRESSIONANTE DI CIRCA 35 SECONDI!

NEL "GRUPPO A" FRANZONI DETTA LEGGE CON LA SUA CITRÖEN SAXO PRECEDENDO, NELLA CLASSE 1400, DI CIRCA 12 SECONDI PAOLO VENTURI, SU HONDA CIVIC EK-4.
PER SOLI DUE SECONDI, SFIORANDO ANCHE LA VITTORIA DI GRUPPO, MANCA PERÒ IL COLPACCIO, IL GRUPPO VIENE INFATTI CONQUISTATO DA GIANLUCA DE GIACOMI, SU RENAULT CLIO MAXI, CON 9' 32" 11.
ROAAA

IL "GRUPPO E-1" PRESENTA GENTE DI TUTTO RISPETTO, DAL SEMPRE APPREZZATO "ZIO FESTER" A CESARE BRUSA, CHE AGEVOLMENTE SBARAGLIA IL CAMPO IN CLASSE 2000 CON LA RENAULT CLIO "CUP": 9' 27" 29!
MA TRA I FAVORITI DI GRUPPO TROVIAMO LE SEAT LEON "SUPERTURISMO" PORTATE IN GARA DAI CAMUNI ILARIO BONDIONI E ANDREA MAMÈ.

BONDIONI: 9' 20" 61, OTTIMO DAVVERO! VEDIAMO ALLA FINE CHI LA SPUNTERÀ.
MAMÈ SI AGGIUDICA LA CLASSE RIFILANDO A BONDIONI QUASI 10 SECONDI: 9' 10" 82!
MA NEL GRUPPO NON C'È PROPRIO STORIA, SE CI SI SCONTRA CON FRANCO PERINI E LA SUA ALFA ROMEO 155 DTM !!!
MIGLIOR TEMPO ASSOLUTO! 8' 32" 92 A UNA MEDIA DI OLTRE 120 KM ORARI. NON C'È NESSUNO CHE SIA STATO IN GRADO DI AVVICINARLO. DAVVERO ENTUSIASMANTE!

IL PUBBLICO STRAVEDE ANCHE PER LE GRAN TURISMO, CHE PREPARANO IL TERRENO ALLA GARA DEI PROTOTIPI.
GLI SPETTATORI ATTENDONO CON ENTUSIASMO LE PERFORMANCE DI QUESTE POTENTI VETTURE, ANCHE SE PERÒ SONO POCHI I PILOTI CHE POSSONO DAVVERO IMPENSIERIRE PERINI. UNO DI QUESTI È MIRKO ZANARDINI CON LA SUA PORSCHE 997 RSR...
ORLANDO R.
Autorlando sport

OTTIMA PROVA, CHE POCO O NULLA CONCEDE AGLI ALTRI CONCORRENTI. IL TEMPO DI 8' 30" 59 PROIETTA INFATTI VERAMENTE IN ALTO PUTELLI. PRIMO POSTO IN CLASSIFICA GENERALE, POSTO CHE SICURAMENTE CONSERVERÀ A LUNGO!

INFATTI, MOLTI TRA I CLASSIFICATI DELLE "BARCHETTE" PROTOTIPO SONO DESTINATI A RIMANERE ALLE SUE SPALLE. SOLO I TRE FAVORITI E FORSE POCHI ALTRI POTRANNO PROBABILMENTE COLLOCARSI DAVANTI A LUI!

DOPO LA VITTORIA DEL 2008, REGOSA VUOLE IL BIS. È PRESSOCHÉ FERMO DA UN PAIO DI STAGIONI, MA PUR DI NON MANCARE È DISPOSTO A PARTIRE ANCHE IN CONDIZIONI DI INFERIORITÀ TECNICA E PER L'OCCASIONE INFATTI RIMEDIA UNA **OSELLA PA-21/S HONDA** CHE DIFFICILMENTE POTRÀ COMPETERE CONTRO I MODELLI PIÙ EVOLUTI SCHIERATI OGGI AL VIA...

ORMAI QUESTA MACCHINA HA FATTO IL SUO TEMPO, MA NON AVEVO ALTRA SCELTA. SICURAMENTE ZERLA SARÀ PIÙ AVVANTAGGIATO.

DELUSIONE TRA I FANS DI MERLI: IL PILOTA TRENTINO È ISCRITTO CON UNA NUOVA "PICCHIO SPORT", MA DURANTE RECENTI TEST IN AUTODROMO LA VETTURA HA MESSO IN LUCE QUALCHE PROBLEMA DI GIOVENTÙ. PER NON CORRERE RISCHI INUTILI MERLI SCEGLIE DUNQUE DI NON SCHIERARSI AL VIA.

ORA È IL TURNO DI **ZERLA**, AUTORE DI UNA STRAORDINARIA PRIMA MANCHE, 3' 49" 98, A UN PASSO DAL RECORD, SI RENDE CONTO CHE SE EVITA DI INCORRERE IN ERRORI MADORNALI NON AVRÀ DIFFICOLTÀ AD IMPORSI.

INTANTO È UN CONTINUO AVVICENDARSI ALLA GUIDA DELLA GRADUATORIA ASSOLUTA: PRIMO È GIUSEPPE PRESTI CON LA LUCCHINI-BMW, CHE CEDE POI IL PRIMATO A MASSIMO COZZOLI SU OSELLA PA-21/S. INFINE REGOSA CHE, CON UN TEMPO DI 8' 12" 36, AGGUANTA LA LEADERSHIP PROVVISORIA IN CLASSIFICA.

NELLA SECONDA MANCHE ZERLA RINUNCIA A INSEGUIRE IL RECORD E AMMINISTRA SAGGIAMENTE IL SUO VANTAGGIO INIZIALE. CIONONOSTANTE OTTIENE IL TEMPO FINALE DI 7' 41" 44! È UN TRIONFO, CHE CORONA UN SOGNO INIZIATO 25 ANNI PRIMA CON UNA "A-112".

40° TROFEO VALLECAMONICA
ARRIVO
26/27 Giugno
Malegno
Ossimo
Borno
PARE FINALMENTE CHE LA CRONOSCALATA ABBIA RITROVATO UNA SUA CONTINUITÀ, CONTINUITÀ PREMIATA NEL 2011 CON L'INGRESSO NEL "TROFEO ITALIANO VELOCITÀ MONTAGNA" E NEL "FIA EUROPEAN HILLCLIMB CUP". NON SONO ANCORA I DUE CAMPIONATI DELLA SERIE MAGGIORE, MA È GIÀ UN NOTEVOLE PASSO AVANTI!
RAGAZZI, ATTENTI CHE VADO IN GIRO "ARMATO". A QUESTA NON SFUGGE NULLA!
2011
CERTO, SOPRATTUTTO LE BELLEZZE AI PADDOCK!

IL 26 GIUGNO 2011 PRENDE IL VIA LA QUARANTESIMA EDIZIONE. IL "TROFEO VALLECAMONICA" ASSUME RISVOLTI SEMPRE PIÙ MULTIMEDIALI. SEMPRE PIÙ SPESSO GLI APPASSIONATI CONDIVIDONO LE INFORMAZIONI ATTRAVERSO I SOCIAL NETWORK O I FORUM, DOCUMENTANDO L'EVENTO CON COMMENTI, IMMAGINI, FILMATI E CLASSIFICHE, SOVENTE QUASI IN TEMPO REALE. POICHÉ I SOCIAL BLOGGER PIÙ ESPERTI AMANTI DELLA SPECIALITÀ SI INCONTRANO ANCHE IN ALTRE CRONOSCALATE NELL'ARCO DELLA STAGIONE ALCUNI DI LORO ACQUISTANO UNA POPOLARITÀ PARI QUASI A QUELLA DEI PILOTI STESSI.

PROBABILMENTE ANCHE GRAZIE ALL'EFFETTO TAM TAM DEL WEB MOLTI RAGAZZI INIZIANO A ESSERE CONTAGIATI DALLA PASSIONE E DALLA VOGLIA DI FREQUENTARE LE GARE IN SALITA, PREFERIBILMENTE IMPUGNANDO UN VOLANTE. IN VALLECAMONICA SPUNTA UNA NUOVA GENERAZIONE DI GIOVANI PROMESSE DELL'AUTOMOBILISMO, DA CUI NASCERANNO SICURAMENTE ANCHE I CAMPIONI DEL FUTURO: DIEGO TABONI, EVAN LAINI, PIERLUIGI MACARIO, GIORGIO MENDENI, CRISTIAN PELAMATTI, ANDREA SILLISTRINI, CRISTIAN FURLONI E TANTI ALTRI ...
LAINI
FURLONI
MACARIO
TABONI
MENDENI

A DAR MAN FORTE AL DRAPPELLO CAMUNO CI PENSANO GLI AGGUERRITI FRANCO PUTELLI E **GIUSEPPE CAMANINI** CHE, ALLA GUIDA DELLE OSELLA PA-21/S, SI MISURERANNO CONTRO I FAVORITI BORMOLINI, CINELLI E ZARDO, MA SOPRATTUTTO ALEX CAFFI, RIPRESENTATOSI IN VALLE CON UNA NUOVISSIMA OSELLA FA-30 DA 3000 CC. MESSA A DISPOSIZIONE DALLA SCUDERIA "BRESCIARALLY" DI ELIGIO BUTTURINI. ANCHE **ZANARDINI** FA IL SUO SALTO DI QUALITÀ, ISCRIVENDOSI ALLA GARA CON UNA MONOPOSTO "FORMULA MASTER".

CI SIAMO: VIA CON IL CRONOMETRO! LA GARA SARÀ CERTAMENTE MOLTO COMBATTUTA: CAFFI E BORMOLINI NELLE PROVE SI SONO AGGIUDICATI UNA MANCHE CIASCUNO. VALORI EQUILIBRATI, QUINDI.

DI PRIMO MATTINO APRE IL CAROSELLO LA FIAT UNO SPORTING GUIDATA DA UN SINCERO AFICIONADO DI QUESTA CRONOSCALATA: **MARIO TACCHINI**. IL PILOTA BERGAMASCO INFATTI VI PARTECIPA SIN DAGLI ANNI '60.

MAURIZIO ABATE, SU MITSUBISHI EVO-9, RIFILA DISTACCHI ENORMI A TUTTI NEL "GRUPPO N", TOTALIZZANDO UN 9' 00" 94 CHE HA DELL'INCREDIBILE. IL SECONDO CLASSIFICATO DEL GRUPPO, MICHELE BUIATTI SU HONDA CIVIC, È STACCATO DI OLTRE VENTI SECONDI!

NEL "GRUPPO A" ALTRA PROVA DI SUPERIORITÀ DA PARTE DI MICHELE GHIRARDO (9' 17" 34) CHE, IN UN CONFRONTO SERRATO TRA TANTE HONDA CIVIC E RENAULT CLIO, TIENE A DEBITA DISTANZA I PUR BRAVI CLAUDIO FATTORELLI E IVAN ORSIGNOLA.

È PERÒ IL "GRUPPO E-1" A DARE LE PRIME VERE EMOZIONI DELLA GIORNATA. A IMPRESSIONARE IL PUBBLICO NON È TANTO LA SOLITA ALFA 155 DI PERINI, DAL POTENZIALE ORMAI RISAPUTO, QUANTO IL SEMPRE PIÙ FORMIDABILE **CESARE BRUSA** CHE, CON UNA PICCOLA RENAULT CLIO, RIESCE A METTERE TUTTI IN RIGA CON UNO SPLENDIDO 8' 56" 95, ARRENDENDOSI SOLO DI FRONTE A PERINI, CHE CON LA BERLINA DI CATEGORIA SUPERIORE GLI SOFFIA CON FACILITÀ IL PRIMATO MIGLIORANDOLO DI VENTI SECONDI.

DAL PUNTO DI VISTA DELLO SPETTACOLO, IL GRUPPO RISERVATO ALLE "GT" SODDISFA SEMPRE LE ASPETTATIVE, MA QUESTA VOLTA MANCANO TEMPI DI RILIEVO: FABIO FAUSTINELLI, PERICLE BIANCHI E ROSARIO PARRINO NON RIESCONO A SCENDERE SOTTO I 9 MINUTI, PUR AVENDO TRA LE MANI RISPETTIVAMENTE LOTUS EXIGE GT-CUP, FERRARI 360 MODENA E PORSCHE 997 GT-3 .

ACC...

SKREEE

UN POCO DELUDENTI I RISULTATI CRONOMETRICI DELLE "GRAN TURISMO". ABATE CON UNA "GRUPPO N" DI SERIE HA SAPUTO FARE DI MEGLIO !

CI PENSA PERÒ ANDREA MAMÈ A RICORDARE AGLI SPETTATORI CHE UNA PORSCHE PUÒ SUSCITARE ENTUSIASMI CHE NON HANNO NULLA DA INVIDIARE, NEPPURE ALLE VETTURE DEI GRAN PREMI DI FORMULA 1!

RAGAZZI, QUI C'È DA FAR RIZZARE I CAPELLI A OGNI CURVA!!!

IL MODESTO TEMPO DI PARRINO È INDUBBIAMENTE IMPUTABILE ANCHE AL TESTACODA PRESSO IL TORNANTE "DUE PONTI"; MA IL TEMPO STABILITO DA MAMÈ, UN PERENTORIO 8' 25" 82, NON LASCIA SPAZIO A EQUIVOCI. UNA PRESTAZIONE DA MANUALE E, PER IL MOMENTO, PRIMO POSTO ASSOLUTO.

IL "GRUPPO GT" SI CHIUDE CON SILVANO BRANDI CHE GAREGGIA CON UNA CHEVROLET CORVETTE C5. SVOLGE IL SUO COMPITO IN MODO ONESTO, MA IL PUBBLICO FORSE SI ASPETTAVA QUALCOSA DI PIÙ...

A ZERLA NON È CHE VA POI MEGLIO.
DOPO ESSERE INCAPPATO IN UN ERRORE IN PROVA, DURANTE LA PRIMA MANCHE
DI GARA È BLOCCATO PER NOIE ALL'ASSETTO.
DECIDE TUTTAVIA DI PRENDERE PARTE ALLA SECONDA PROVA...

DOPO LA VITTORIA DEL 2005, OSCURATA DAL DRAMMA DELL'INCIDENTE DI PARLAMENTO, IL PILOTA DI ROVATO COMPLETA L'OPERA LASCIATA A METÀ IN QUELL'EDIZIONE.
AL TRAGUARDO LO ATTENDE PAPÀ ANGELO.
46 ANNI DI STORIA DEL "TROFEO VALLECAMONICA" SEPARANO I DUE VINCITORI: IL PADRE, CON L'ALFA GIULIA, NEL 1965 E IL FIGLIO OGGI, CON L'OSELLA.

È STATO SEMPRE CON OSELLA CHE ALEX HA MOSSO I SUOI PRIMI PASSI IN FORMULA 1.

BORMOLINI E CINELLI GUADAGNANO GLI ALTRI DUE GRADINI DEL PODIO, MENTRE IL SORPRENDENTE MAMÈ, FORTE DEL "TEMPONE" FATTO SEGNARE CON LA PORSCHE, CHIUDE AL 10° POSTO ASSOLUTO.

SORPRESE ANCOR PIÙ CLAMOROSE ARRIVERANNO L'ANNO VENTURO, IN QUELLA CHE SARÀ RICORDATA COME UNA DELLE EDIZIONI PIÙ SOFFERTE DELL'INTERA STORIA DELLA "MALEGNO-OSSIMO-BORNO".
LA STAGIONE 2012 COMINCIA CON LA "CSAI" CHE RENDE NOTI I CALENDARI SPORTIVI E SUBITO ARRIVA UNA BELLA NOTIZIA...

SI PROFILA UNA SVOLTA:
IL CAMPIONATO ITALIANO VIENE PRIVATO DI UNA TAPPA CHE DA ANNI ERA UN APPUNTAMENTO FISSO DELLA SERIE TRICOLORE, LA "COPPA CAROTTI", UN PERCORSO CHE DA RIETI SALE FINO AL TERMINILLO.

LA TRADIZIONALE GARA LAZIALE VIENE SOPPRESSA, IN SEGUITO AL MISTERIOSO E TRAGICO INCIDENTE CHE NELL'EDIZIONE 2011 È COSTATO LA VITA AL CAMPIONE TEDESCO GEORG PLASA.

ESSENDO STATA DISPOSTA COME "RISERVA", LA CREATURA DELL'ACI BRESCIA RITORNA QUINDI, DOPO BEN SETTE LUNGHI ANNI DI PURGATORIO, A FAR PARTE DEL *CAMPIONATO ITALIANO VELOCITÀ MONTAGNA*.

MA GLI SPORTIVI, GIÀ INFIAMMATI DALL'ENTUSIASMO PER LA RENTRÉE, DOPO POCO TEMPO RICEVONO UNA VERA E PROPRIA DOCCIA FREDDA. NUOVE VICISSITUDINI INVESTONO L'ACI BRESCIA CHE, IN QUESTO MOMENTO, TUTTO HA DA PENSARE FUORCHÉ AD ORGANIZZARE GARE AUTOMOBILISTICHE. LA CORSA SLITTA A DATA DA DESTINARSI...

LA SORTE DELLA COMPETIZIONE CAMUNA RIMANE COSÌ APPESA A UN FILO.
A FINE AGOSTO TUTTO È ANCORA IN ALTO MARE E INIZIA A MATERIALIZZARSI LO SPETTRO DELLA DEFINITIVA CANCELLAZIONE.
VENGONO CONCESSE DUE ULTIME CHANCES DA GIOCARSI, IN UNO DEGLI ULTIMI DUE WEEKEND DI OTTOBRE.
QUASI IN EXTREMIS, PER TENTARE DI SALVARE LA SITUAZIONE, PROVA A FARSI AVANTI IL *"TEAM 1000 MIGLIA"* NELLA PERSONA DEL PRESIDENTE *ARMANDO ESTI*, INDIMENTICATO PROTAGONISTA DI MILLE SFIDE SUI TORNANTI, TRA GLI ANNI '60 E GLI ANNI '80.

MA QUALE DATA DA DESTINARSI! GIÀ ERA PREVISTA A SETTEMBRE, QUI RISCHIA PROPRIO DI SALTARE!

ORA, INSIEME ALL'ACI BRESCIA, CERCHIAMO DI TROVARE UNA SOLUZIONE PER SALVARE LA MANIFESTAZIONE E NON FARLE NUOVAMENTE PERDERE LA VALIDITÀ DI CAMPIONATO!

ALLA SCUDERIA DI ESTI VA IL MERITO DI AVER ORGANIZZATO BEN DIECI EDIZIONI DELLA SALITA "BRESCIA–MONTE MADDALENA", LA "BERZO DEMO–CEVO", MA SOPRATTUTTO LA "PIANCAMUNO–MONTECAMPIONE", CHE IN POCHI ANNI DI VITA È GIUNTA AL LIVELLO DI CAMPIONATO EUROPEO.

L'ACCORDO CON L'ACI BRESCIA SI CONCRETIZZA: IL TEAM BRESCIANO SI OCCUPERÀ DELLA GESTIONE TECNICA DELLA GARA, CHE VIENE FISSATA PER IL 21 OTTOBRE.

ED ORA VOI SCALDATE I MOTORI, MENTRE IO *SCALDO LA MIA REFLEX!*

IN VIRTÙ DI NUOVE MISURE DI SICUREZZA ATTE A RALLENTARE LE VETTURE NEI PUNTI PIÙ CRITICI E POTENZIALMENTE PERICOLOSI VENGONO REINTRODOTTE, AD ALCUNI ANNI DI DISTANZA, TRE "CHICANES" ARTIFICIALI.

FAGGIOLI, GIÀ VINCITORE DELL'ENNESIMO TITOLO ITALIANO, PREFERISCE CONCORRERE NUOVAMENTE IN QUALITÀ DI TEAM MANAGER AFFIDANDO UNA SUA VETTURA A ZANADINI, UNA OSELLA PA-30 CHE LO PONE DI FATTO TRA I PAPABILI ALLA VITTORIA.

REGOSA, PER L'OCCASIONE CON LA STESSA OSELLA FA-30 TRIONFATRICE LO SCORSO ANNO CON CAFFI, RIESCE NELL'IMPRESA DI RIENTRARE NELLA ROSA DEI FAVORITI.

ASSENTI BORMOLINI E MERLI, I DUE BRESCIANI SI SCONTRERANNO QUINDI CONTRO CINELLI, MAGLIONA E I GIOVANI SVIZZERI *JOEL VOLLUZ* E *JULIEN DUCOMMUN*.

C'È UN EVENTO CHE SI PUÒ DEFINIRE STORICO NELLE AUTO D'EPOCA. ALLA PARTENZA, È PRESENTE, QUASI AL COMPLETO, *LA "FAMIGLIA DA CORSA" BORMOLINI* (MANCA SOLO FAUSTO, CHE HA ALTRI IMPEGNI) E CIOÈ IL NONNO LUIGI, IL PAPÀ MAURO E IL NIPOTE ANDREA. TRE GENERAZIONI DI PILOTI INSIEME, QUASI COME ACCADE NEGLI U.S.A. CON LA FAMIGLIA DI MARIO ANDRETTI.

L'INOSSIDABILE TACCHINI SVETTA NEL "GRUPPO RS" CON UNA OPEL CORSA IN 10' 41" 80, PRECEDENDO DI CINQUE SECONDI LA HONDA CIVIC DI ALESSANDRO LEIDI.

IL "GRUPPO E-3", RISERVATO ALLE VETTURE DI SCADUTA OMOLOGAZIONE, È DOMINATO DALLA RENAULT CLIO WILLIAMS DI GIOVANNI VIELMI: 10' 01" 62.

IN "GRUPPO N" RITROVIAMO GIOVANNI REGIS CHE VINCE LA CLASSE 1600, MA AD ACCAPARRARSI IL RAGGRUPPAMENTO È *MICHELE BUIATTI* SU MITSUBISHI LANCER , CON 9' 21" 43.

IMPUGNANDO IL VOLANTE DI UNA RENAULT NEW CLIO, IL CAMUNO *ILARIO BONDIONI*, DETTO "GILLY", SPADRONEGGIA NEL "GRUPPO A", AGGIUDICANDOSI ANCHE LA CLASSE 2000, CON 9' 41" 19, SENZA PERÒ UMILIARE LA CONCORRENZA, CON CLAUDIO FATTORELLI E OSCAR RAFFETTI SUL PODIO DELLA CLASSE 1600.

NEL "GRUPPO E-1" È ANCORA *CESARE BRUSA* A FARE NUMERI DA ANTOLOGIA.
ECCOLO STRAPAZZARE TUTTI QUANTI SU UNA POTENTE AUDI A4 STW.

BRUSA IN "GARA 1" HA GIÀ FATTO INTENDERE CHE SOLO LA LANCIA DI GIULIANI E LA DELTA "S4" DI FERRARI POTRANNO FORSE ESSERE IN GRADO DI CONTRASTARLO!

BRUSA AL TRAGUARDO TOTALIZZA UNO SPLEN-
DIDO 9' 01" 35. INCREDIBILE!
ANGELO FERRARI, CON LA SUA POTENTE LANCIA
DELTA S4, SEMBRA TENERGLI TESTA...

... MA ALLA FINE IL DISTACCO SI FA PE-
SANTE: 9' 13" 26!
ANCHE FULVIO GIULIANI PROVA, CON LA
SUA ALTRETTANTO POTENTE "DELTONA", A
RIPRENDERE BRUSA...

QUESTE VETTURE ENTUSIASMANO
DA SEMPRE IL PUBBLICO CHE,
GRAZIE A QUESTA SPLENDIDA
GIORNATA AUTUNNALE, È
ACCORSO NUMEROSO!

9' 09" 68! NEPPURE GIULIANI CE L'HA FATTA A IMPENSIERIRE BRUSA.
ANCHE NEL "GRUPPO GT" NON CI SONO NÉ PORSCHE NÉ FERRARI CHE TENGANO: IL VINCITORE, ANTONIO FORATO, SU UNA FERRARI
430, VELOCISSIMA SUI RETTILINEI MA POCO AGILE NEI TRATTI MISTI, OTTIENE UN 9' 14" 58 CHE TUTTO SOMMATO NON SAREBBE MALE,
MA CHE CONFRONTATO CON LA PRESTAZIONE DEL PILOTA DELL'AUDI LO FA APPARIRE TUTT'ALTRO CHE ENTUSIASMANTE.
TRA I PROTOTIPI FA IL SUO INGRESSO ANCHE LUCA TOSINI, GAREGGIA NELLA CLASSE CN-2000 CON UNA OSELLA PA-21/S.

JULIEN DUCOMMUN È VITTI-
MA DI UN EQUIVOCO: DU-
RANTE LA SUA "GARA 1"
VEDE SVENTOLARE ALCUNE
BANDIERE GIALLE DI SE-
GNALAZIONE E SI FERMA IN
ATTESA, CONVINTO DI DO-
VER RIDISCENDERE A VALLE
PER RIPETERE LA SALITA.
MA COSÌ NON È: LA SUA È
STATA SOLO UN'ERRATA
INTERPRETAZIONE, SIMILE A
QUANTO GIÀ OCCORSO IN
PASSATO A BARIBBI E RE-
GOSA, CON LA DIFFERENZA
CHE LO SVIZZERO VIENE
FERMATO PRIMA, INVITATO A
RIPRENDERE LA PARTENZA
SOLO A MANCHE ULTIMATA.
SCEGLIE PERTANTO DI
PRENDERE IL VIA IN "GARA
2" ANCHE SE, COME GIÀ
VERIFICATOSI A SUO TEMPO
PER ZERLA, NON GLI È PER
NIENTE UTILE AI FINI DELLA
CLASSIFICA FINALE..

OMAR MAGLIONA CON 8' 04" 67 IPOTECA LA VITTORIA DI CLASSE E PASSA A CONDURRE LA GRADUATORIA GENERALE!
ECCO INTANTO SUL PERCORSO *ZANARDINI*, IN FORZA AL "LION RACING TEAM", CHE IN POCHE STAGIONI È ENTRATO DI DIRITTO NEL NOVERO DEI TOP DRIVER.
DUCOMMUN, CON LA SUA REYNARD 95-D, CORRE COME SE STESSE ANCORA COMBATTENDO PER LA VITTORIA ASSOLUTA E OFFRE UNA PRESTAZIONE DAVVERO ECCELLENTE...
MALEGNO
LION
LION Racing Team

ZANARDINI TERMINA LA SECONDA MANCHE SOTTO I QUATTRO MINUTI. TEMPO TOTALE: 7' 58" 95. NIENTE MALE, CONSIDERATE LE TRE CHICANES POSTICCE CHE COSTRINGONO A LASCIARE SUL TRACCIATO QUALCHE SECONDO.
SAREBBE STATO UN VERO PECCATO RINUNCIARE E POI COSÌ ALMENO FACCIO MAGGIOR CONOSCENZA DEL PERCORSO!
NEL FRATTEMPO SUI TORNANTI SI SCATENA IL PILOTA ELVETICO *VOLLUZ*, AL VOLANTE DI UN'OSELLA FA-30. LA SUA GUIDA VELOCE È UNA PIACEVOLE SORPRESA PER IL PUBBLICO ACCORSO AD ASSISTERE E A CUI IL GIOVANE SVIZZERO È FINO A QUESTO MOMENTO PRESSOCHÉ SCONOSCIUTO.
TRANSLAIT
NEW WORK
FORMULA PASSION
RACINGFUN
AVON

NIENTE MALE, IL RAGAZZO!
EH, MA VEDRAI CHE POI REGOSA SE LO MANGIA COME NIENTE!
IO NON NE SONO MOLTO CONVINTO...
MOTORSPORT
RED ICE

A PROPOSITO: *REGOSA* IN "GARA 1" NON ERA PER NULLA A SUO AGIO SULLA NUOVA OSELLA A CAMBIO AUTOMATICO; MA IN QUESTA SECONDA FRAZIONE DI GARA PARE AVER COLTO IL GIUSTO RITMO...
SEMBRA QUASI UN SOGNO. SONO DI NUOVO QUI A GIOCARMELA, CONTRO MOLTI RAGAZZI FORTISSIMI CHE POTREBBERO QUASI ESSERE MIEI FIGLI!
VROAAA
MAX COL RACING
GREMOLITH IT FLOATE
R.F.B

REGOSA È L'ULTIMO DELLA LISTA A PARTIRE, MENTRE PERCORRE L'USCITA DA OSSIMO, VOLLUZ, CHE LO HA PRECEDUTO AL VIA, HA GIÀ OLTREPASSATO LA LINEA D'ARRIVO. INTANTO DUCOMMUN LASCIA IL SEGNO: 3' 56" 67, PER IL MOMENTO MIGLIOR TEMPO DI MANCHE. DAVVERO UN PECCATO CHE NON ABBIA CONCLUSO LA "GARA 1"!
VOLLUZ: 7' 57" 95! ZANARDINI È SUPERATO PER UN SECONDO NETTO! E ORA, AMICI, ATTENDIAMO GIULIO REGOSA...

IL PILOTA LOMBARDO, IN GRAN SPOLVERO, REGALA IL GRAN FINALE CON 8' 02" 26, PIAZZANDOSI SUBITO ALLE SPALLE DI ZANARDINI E AGGUANTANDO L'ENNESIMO PODIO.
IL TRIONFATORE È QUINDI VOLLUZ: PER LA PRIMA VOLTA IL "TROFEO VALLECAMONICA" È ASSEGNATO A UN PILOTA STRANIERO!
È UN SUCCESSO! FESTA DI PUBBLICO, DI PILOTI DI OGNI ETÀ, DI UN'ORGANIZZAZIONE CHE È RIUSCITA A PORTARE A CASA IL RISULTATO, AVENDO AIUTATO L'ACI BRESCIA A MANTENERE IN VITA UNA COMPETIZIONE CHE IN MOLTI DAVANO ORMAI PER FINITA. L'ARABA FENICE DELL'AUTOMOBILISMO ITALIANO HA AVUTO A SUO FAVORE ANCHE IL METEO, CON UNA SPLENDIDA GIORNATA DI SOLE DAL SAPORE QUASI ESTIVO. PER FORTUNA: SI FOSSE SVOLTA ANCHE SOLO IL WEEKEND SUCCESSIVO, SI SAREBBERO FATTI I CONTI CON UN CLIMA COMPLETAMENTE DIFFERENTE, CON PIOGGIA, FREDDO E NEVE!
HAI VISTO? GIULIO CE LA FA ANCHE QUEST'ANNO A CORRERE!
LO SO, HA LANCIATO UNA SORTA DI CROWDFUNDING SUL WEB PER TROVARE I FONDI NECESSARI PER POTER CORRERE, MAGARI CON L'OSELLA DEL "TEAM FAGGIOLI"!
2013
LA 43MA EDIZIONE VIENE FISSATA PER IL 22 SETTEMBRE 2013. RICONFERMATO LO STESSO TEAM ORGANIZZATIVO, LA CRONOSCALATA RITORNA TRA LE RISERVE DEL "CIVM", CAMPIONATO CHE STA VIVENDO UN BEL TESTA A TESTA TRA FAGGIOLI E MERLI.
ANCHE QUEST'ANNO LA VELOCITÀ È LIMITATA DALLE CHICANES ARTIFICIALI.
TRA I 130 CONCORRENTI ISCRITTI TROVIAMO PROPRIO MERLI, CHE ALLA GUIDA DI UN' OSELLA PA-2000 DOVRÀ CONFRONTARSI CONTRO UN AGGUERRITO DUCOMMUN, CHE INVECE PORTA IN GARA UNA NUOVA OSELLA FA-30.

HA UNA BELLA CHANCE ANCHE TOSINI, SCHIERATO ANCH'ESSO CON UNA "FA-30" MESSA A DISPOSIZIONE DALLA NEONATA "SQUADRA CORSE ANGELO CAFFI", FONDATA DA ALEX E BARBARA CAFFI IN RICORDO DEL PAPÀ, RECENTEMENTE SCOMPARSO.
SQUADRA CORSE
Angelo
CAFFI
PROVEREMO NOI A REALIZZARE IL SUO DESIDERIO: AIUTARE I GIOVANI BRESCIANI A POTER CORRERE IN AUTOMOBILE!
PAPÀ DICEVA CHE BRESCIA È TERRA DI MOTORI E DI TALENTI, MA CHE NESSUNO AIUTA LE GIOVANI PROMESSE.
IL TROFEO 2013 È DEDICATO ALLO SFORTUNATO ANDREA MAMÈ, DECEDUTO TRAGICAMENTE A SOLI 41 ANNI, IN FRANCIA, IN UN INCIDENTE DURANTE IL "TROFEO LAMBORGHINI".
OMP
VIENE ISTITUITO ANCHE UN PREMIO SPECIALE PER IL PRIMO CLASSIFICATO "OVER 50" IN MEMORIA DI DARIO BAITA, VICEPRESIDENTE DELLO "SPORT RACING TEAM", ANCH'ESSO PREMATURAMENTE SCOMPARSO.
MA ANCHE IL CARO, VECCHIO, "BORMOLO", LUIGI BORMOLINI, CI HA LASCIATI SOLO POCHI MESI DOPO LA PASSATA EDIZIONE. IL FIGLIO FAUSTO LO RICORDA QUI A MALEGNO, SOSTENUTO DALL'AFFETTO DEGLI AMICI E DI TUTTI GLI SPORTIVI.
CIAO PAPÀ, VEDRAI CHE PRIMA O POI LA NOSTRA CARA "MALEGNO-BORNO" LA VINCEREMO...
VIA QUINDI ALLA KERMESSE MOTORISTICA! COME SEMPRE, ANTIPASTO A BASE DI AUTO STORICHE, COL SUCCESSO DELL' OSELLA PA-9/90 DI FRANCO CREMONESI IN 9' 02" 68.
FEDERICO DUCOLI, SU MINI COOPER-S, SI APPRESTA A VINCERE IL "GRUPPO RS" IN 10' 20" 43. IL PILOTA DI BRENO HA LA MEGLIO SULLA HONDA CIVIC TYPE-R DI ALESSANDRO LEIDI PER BEN 5 SECONDI, E SULLA HONDA INTEGRA DELL'INTRAMONTABILE TACCHINI.
ALLA GRANDE! LA CHICANE L'HO SUPERATA PROPRIO DA DIO!
Ac Racing

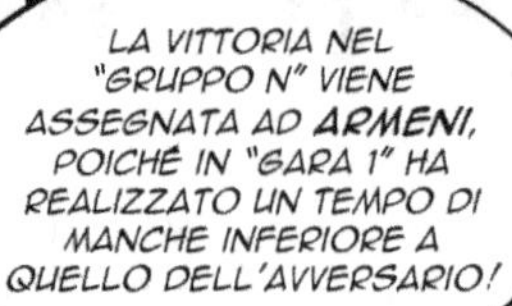

NEL "GRUPPO A" GRANDE RITORNO DI **GABRIELLA PEDRONI**. LA RAGAZZA TRENTINA SU UNA MITSUBISHI LANCER "EVO" SI LASCIA APPRESSO TUTTI QUANTI E COGLIE L'EN PLEIN: PRIMA CLASSIFICATA NELLA CLASSE +3000 E NEL RAGGRUP-PAMENTO CON UN TEMPO DI 9' 34" NETTI!

NELLA CLASSE A-1600, FATTORELLI CON 9' 40" 41 SU HONDA CIVIC 4 APPIOPPA 15 SECONDI ALLA VETUSTA MA ANCORA EFFICIENTE CITRÖEN SAXO DI FRANZONI, MENTRE PARLATO, SU RENAULT NEW CLIO, TIENE TUTTI A BADA NELLA CLASSE A-2000.

NEL "GRUPPO E-1", COME IL BUON VINO, CHE MIGLIORA INVECCHIANDO, IL SIMPATICO **"ZIO FESTER"** RITOCCA ANNO DOPO ANNO I SUOI PERSONALI RISCONTRI CRONOMETRICI A DISPETTO DELLE OLTRE SETTANTA PRIMAVERE, MA CONTRO GHIRARDO PERÒ C'È POCO DA FARE E IN CLASSE E1-1600 ACCUSA DA LUI UN DISTACCO DI QUASI UN MINUTO.

POCO MALE.
SI CORRE ANCHE PER PURO DIVERTIMENTO E LO "ZIO" SI DIVERTE.
ECCOME!

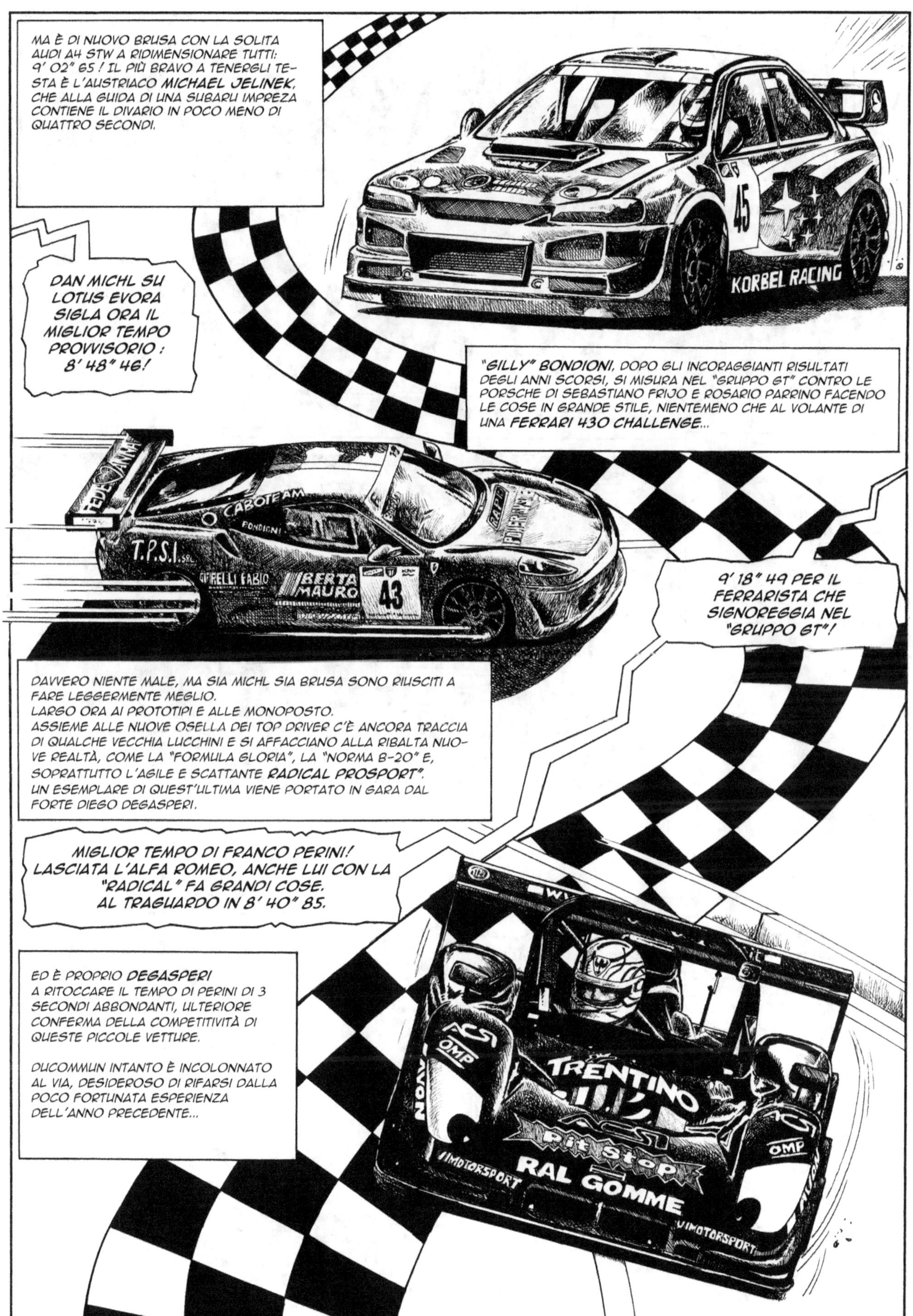

MA È DI NUOVO BRUSA CON LA SOLITA AUDI A4 STW A RIDIMENSIONARE TUTTI: 9' 02" 65 ! IL PIÙ BRAVO A TENERGLI TESTA È L'AUSTRIACO MICHAEL JELINEK, CHE ALLA GUIDA DI UNA SUBARU IMPREZA CONTIENE IL DIVARIO IN POCO MENO DI QUATTRO SECONDI.

DAN MICHL SU LOTUS EVORA SIGLA ORA IL MIGLIOR TEMPO PROVVISORIO : 8' 48" 46!

KORBEL RACING
45

"GILLY" BONDIONI, DOPO GLI INCORAGGIANTI RISULTATI DEGLI ANNI SCORSI, SI MISURA NEL "GRUPPO GT" CONTRO LE PORSCHE DI SEBASTIANO FRIJO E ROSARIO PARRINO FACENDO LE COSE IN GRANDE STILE, NIENTEMENO CHE AL VOLANTE DI UNA FERRARI 430 CHALLENGE...

9' 18" 49 PER IL FERRARISTA CHE SIGNOREGGIA NEL "GRUPPO GT"!

DAVVERO NIENTE MALE, MA SIA MICHL SIA BRUSA SONO RIUSCITI A FARE LEGGERMENTE MEGLIO.
LARGO ORA AI PROTOTIPI E ALLE MONOPOSTO.
ASSIEME ALLE NUOVE OSELLA DEI TOP DRIVER C'È ANCORA TRACCIA DI QUALCHE VECCHIA LUCCHINI E SI AFFACCIANO ALLA RIBALTA NUOVE REALTÀ, COME LA "FORMULA GLORIA", LA "NORMA B-20" E, SOPRATTUTTO L'AGILE E SCATTANTE RADICAL PROSPORT".
UN ESEMPLARE DI QUEST'ULTIMA VIENE PORTATO IN GARA DAL FORTE DIEGO DEGASPERI.

MIGLIOR TEMPO DI FRANCO PERINI!
LASCIATA L'ALFA ROMEO, ANCHE LUI CON LA "RADICAL" FA GRANDI COSE.
AL TRAGUARDO IN 8' 40" 85.

ED È PROPRIO DEGASPERI A RITOCCARE IL TEMPO DI PERINI DI 3 SECONDI ABBONDANTI, ULTERIORE CONFERMA DELLA COMPETITIVITÀ DI QUESTE PICCOLE VETTURE.

DUCOMMUN INTANTO È INCOLONNATO AL VIA, DESIDEROSO DI RIFARSI DALLA POCO FORTUNATA ESPERIENZA DELL'ANNO PRECEDENTE...

FEDE ANN
CABOTEAM
BONDIONI
T.P.S.I. SRL
GIRELLI FABIO
BERTA MAURO
43

TRENTINO
ACSI OMP
AVON
PIT STOP
RAL GOMME
VIMOTORSPORT

VROOW
JULIEN DUCOMMUN VA DECISAMENTE MEGLIO: 7' 33" 21. SPETTACOLO A NON FINIRE!
MA CHRISTIAN MERLI, CHE IN "GARA 1" HA GIÀ STUPITO TUTTI CON UN SENSAZIONALE 3' 43" 80, PARE AVER GIÀ MESSO UNA SERIA IPOTECA SULLA VITTORIA!
ARRIVA ANCHE REGOSA E COMPLETA LA SUA GARA IN 8' 01" 40. BENCHÉ AMPIAMENTE DISTANZIATO IN CLASSIFICA DA DUCOMMUN, A 65 ANNI E CON SOLO UN PAIO DI GARE ALL'ATTIVO NELLE ULTIME DUE STAGIONI, L'EX "BAFFO VOLANTE" HA DIMOSTRATO CHE IL SUO TALENTO AGONISTICO È RIMASTO PRESSOCHÉ INTATTO.
PRIMA DELLA PARTENZA DI MERLI, ALTRI PROTAGONISTI DELLA GARA HANNO GIÀ LASCIATO ALLE SPALLE IL SEMAFORO VERDE: TOSINI, ZARDO, TIZIANO RIVA E FAUSTO BORMOLINI.
ECCO IL GENTLEMAN DRIVER DI LIVIGNO CHE, CON I FAMILIARI "A 4 RUOTE" MAURO E ANDREA, TIENE ALTO L'ONORE DEL COMPIANTO CAPOSTIPITE!
CAPITA SOVENTE CHE A QUALCHE COMPRIMARIO RIESCA L'IMPRESA DI PIAZZARE UNA ZAMPATA DI CLASSE: È IL CASO DI FEDERICO LIBER. IL 35ENNE VERONESE OTTIENE 8' 12" 01 CON UNA PICCOLA FORMULA GLORIA 1600!
PENSATE: IERI DURANTE LE PROVE AVEVA AVUTO SERI PROBLEMI ALLA VETTURA! DEVE RINGRAZIARE ALCUNI AMICI CHE SON VENUTI NOTTETEMPO APPOSITAMENTE DA TORINO COL PEZZO DI RICAMBIO NECESSARIO. FATE UN PO' VOI...
CHE RISULTATO, NON CI POSSO CREDERE!
Milco
MASTER
PROFESSIONAL HEATERS
9

LA PERFORMANCE DI MERLI È A DIR POCO SUPERLATIVA. TEMPO TOTALE: 7' 27" 82, AD UN SOFFIO DAL RECORD ASSOLUTO, STABILITO DA CAFFI NEL 2011, ANCHE SE VA RICORDATO CHE NEL 2011 IL PERCORSO ERA PERÒ PIÙ VELOCE IN QUANTO LIBERO DA CHICANES.

QUESTO PARTICOLARE AGGIUNGE MAGGIORE VALORE AL RISULTATO FINALE OTTENUTO DA MERLI E NON LASCIA IL BENCHÉ MINIMO DUBBIO NEL PUBBLICO, RIMASTO INCREDULO DI FRONTE A UNA TALE PROVA DI SUPERIORITÀ!

DUCOMMUN È IN PIAZZA D'ONORE, SEPARATO DA MERLI DI CINQUE SECONDI! TOSINI CON 7' 45" 78 DEVE ACCONTENTARSI DEL GRADINO PIÙ BASSO DEL PODIO. QUARTO L'OTTIMO REGOSA DAVANTI A BORMOLINI E SESTO L'INCREDIBILE LIBER!

A BORNO LO SPETTACOLO È SEMPRE GARANTITO E IL PUBBLICO, SEMPRE ATTENTO, ACCORRE EDIZIONE DOPO EDIZIONE VIA VIA SEMPRE PIÙ NUMEROSO PER ASSISTERE A QUESTA SFILATA DI CAMPIONI! UN OTTIMO PREAMBOLO PER LA PROSSIMA "MALEGNO-OSSIMO-BORNO" CHE NEL 2014 FESTEGGERÀ I SUOI PRIMI 50 ANNI DI STORIA!

IL 2013 PERÒ SI CHIUDE CON UNA TRISTE NOTIZIA PER GLI SPORTIVI: SI SPENGONO I MOTORI PER MAURO NESTI. L'INDIMENTICATO "RE DELLA MONTAGNA" TERMINA, A 78 ANNI, DOPO UNA BREVE MALATTIA, LA CORSA DELLA SUA VITA.

LA VERA LOTTA PER IL VERTICE È TUTTAVIA RAPPRESENTATA DAL POKER D'ASSI COMPOSTO DA ZANARDINI, MERLI, TOSINI E BORMOLINI, A CUI SI AGGIUNGE QUALE PRINCIPALE OUTSIDER - SULLA CARTA CON LE STESSE CHANCES DI MACARIO - LO SVIZZERO TIZIANO RIVA, AL VOLANTE DI UNA REYNARD 92-D COSWORTH.

LA "SQUADRA CORSE ANGELO CAFFI" AFFIDA UNA SUA OSELLA PA-21/S ALLE MANI DI CESARE BRUSA. SI TRATTA DI UNA VETTURA NON PIÙ DI PRIMO PIANO, MA CHE CONSENTE COMUNQUE AL RAGAZZO UN MERITATO AVANZAMENTO DI CATEGORIA.
PER MACARIO, INVECE, NON È UN BUON INIZIO. GIÀ SIN DALLE PROVE DI SABATO, INFATTI...

GRAZIE AL CIELO, SOLO UN PO' DI SPAVENTO.
TUTTAVIA, I SERI DANNI CAUSATI ALLA MONOPOSTO GLI IMPEDISCONO DI PARTECIPARE ALLA GARA.
MA LA STOFFA C'È E IL GIOVANE CAMPIONE AVRÀ MOLTE OCCASIONI FUTURE PER RIFARSI...

L'INIZIO GARA NON DELUDE LE ASPETTATIVE DEL PUBBLICO.
ANTONINO MIGLIUOLO, SU MITSUBISHI LANCER-EVO, CON 9' 30" 63 SVETTA SU TUTTI NEL "GRUPPO N", CON I PILOTI DI CASA CHE PERÒ SI FANNO NOTARE PER ALCUNE VITTORIE NELLE CLASSI MINORI, COME GIORGIO MENDENI NELLA N-2000.
MA GIÀ SI SFIDANO LE PIÙ POTENTI AUTO DEL "GRUPPO A", COME LA PEUGEOT 206 CONDOTTA DA ALBERTO CIOFFI ...
FRANZONI CON LA FEDELE CITRÖEN SAXO TOTALIZZA 9' 59" 38. BRILLANTE COME SEMPRE. MA VEDIAMO CHE CIOFFI NON VUOL ESSERE DA MENO! SIAMO CONVINTI CHE LA SFIDA SI RISOLVERÀ SUL FILO DEI CENTESIMI.
PER LA VERITÀ ALLA FINE NON SONO PROPRIAMENTE CENTESIMI, COMUNQUE IL DIVARIO È POCHISSIMO TRA I DUE: MENO DI UN SECONDO E MEZZO.
COSÌ A PRIMEGGIARE NELLA CLASSE A-1600 È PROPRIO IL PILOTA DELLA PEUGEOT, CHE PERÒ NULLA PUÒ CONTRO LA MITSUBISHI LANCER DELLA SEMPRE PIÙ AGGUERRITA GABRIELLA PEDRONI.
LA PEDRONI, COME LO SCORSO ANNO, LA FA DA PADRONA NEL "GRUPPO A", CON UN TEMPO COMPLESSIVO DI 9' 35" 52 CHE, TRA L'ALTRO, MIGLIORA IL SUO PRIMATO PERSONALE DI UN SECONDO E MEZZO!
IL "GRUPPO E-1" VEDE INVECE UN BEL DUELLO DUE LANCIA DELTA "EVO" INGAGGIATO DA MARCO SBROLLINI E FULVIO GIULIANI. PUR DANDO ENTRAMBI SPETTACOLO DI PARI LIVELLO, IL DISTACCO TRA I DUE È AMPIO: BEN 27 I SECONDI INCASSATI DA SBROLLINI NEI CONFRONTI DEL CORIACEO PILOTA EMILIANO.
ROAAAR
VROOOAA
ALLA MASERATI GHIBLI DI BRUNO PIANTONI E ALLA ORMAI ESAUSTA ALFA ROMEO 155 DI CARLINO ORSIGNOLA RESTANO SOLO LE BRICIOLE, CON DISTACCHI PESANTISSIMI.
ilBraciere
ANGEL OUTSIDE DEVIL INSIDE
UN SOGNO PER VINCERE
sparco
Trentino
Atesina Noleggi
FIA
ACI
FLUIDO CORSE
SBROLLINI
OK GOMME
FLUIDO CORSE.
GIULIANI
Navi Sport
STIPA
C.P.S.
AVON
PREPARAZIONI
FLUIDO CORSE
AVON
Off. Giuliani
vado ceso

ORA È IL MOMENTO TANTO ATTE-SO DELLE MONOPOSTO E DEI PROTOTIPI.
I PILOTI OGGI HANNO TUTTI UN SEGUITO DI FANS CHE LI VUOLE VEDERE IN AZIONE ANCHE GRAZIE ALLE RIPRESE ALL'INTERNO DELL'ABITACOLO.
ANCHE *PAOLO VENTURI* NON SI SOTTRAE A QUESTA NUOVA ESI-GENZA E STA CERCANDO L'AS-SETTO PIÙ OTTIMALE PER LA SUA "ON-BOARD" CAMERA.

NELLA ROSA DEI TANTI FAVORITI, ZANARDINI APPARE IL PIÙ ACCREDITATO PER LA VITTORIA ASSOLUTA, FORTE DEL MIGLIOR TEMPO RILEVATO NELLE SESSIONI DI PROVA. MA IN "GARA 1" È PROTAGONISTA DEL PRIMO COLPO DI SCENA DELLA MATTINATA, COLPO DI SCENA CHE IN BREVE MANDA ALL'ARIA I SUOI MIGLIORI PROPOSITI.

ZANARDINI RIESCE A RIPARTIRE RAPIDAMENTE E CERCA DI RECUPERARE PARTE DEL TEMPO PERSO IN VISTA DELLA "GARA 2", MA DOPO POCHI METRI SI RENDE CONTO DI AVER DANNEGGIATO L'ALETTONE POSTERIO-RE E SI RASSEGNA AL RITIRO.

SECONDO COLPO DI SCENA.
LA "GARA 1" SI CONCLUDE COL MIGLIOR TEMPO DI LUCA TOSINI; LA SUA OSELLA FA-30 FERMA I CRONO-METRI SU UN IMPORTANTE 3' 57" 26.
POI PERÒ PIOMBANO SUL TRAGUARDO SIA BORMOLINI SIA RIVA CON TEMPI PRESSOCHÉ IDENTICI, LE DIFFE-RENZE SONO DAVVERO MILLESIMALI E ANCHE MERLI PER POCHI SECONDI RIMANE IN SCIA, QUINDI LA COR-SA PER LA VITTORIA FINALE È TUTTA APERTA!

SI CREA COSÌ LA GIUSTA TENSIONE PER UNA SECONDA MANCHE SPETTACOLARE E AL CARDIOPALMA, DOVE TUTTO SI GIOCHERÀ DAVVERO SUL FIL DI LANA!
UN EPILOGO DEGNO DI QUESTI CINQUANTA ANNI DI "TROFEO VALLECAMONICA".
RISPETTO ALLA PRIMA FRAZIONE DI GARA, MERLI PURTROPPO NON RIESCE A FAR MEGLIO, CON UN TEMPO AL DI SOPRA DEI QUATTRO MINUTI, OTTIENE UN TOTALE DI 8' 04" 27. TROPPO ALTO.
ORA TENTA L'ASSALTO AL PODIO *TIZIANO RIVA* SFERRANDO UN COLPO DA MAESTRO!

MIGLIOR TEMPO DI MANCHE: 3' 58" 86! CON 7' 56" 61 TOTALE SI INSEDIA AL PRIMO POSTO!

DOPO LA BUONA, MA NON IRRESISTIBILE, SALITA DELLA LOLA 302/59 DEL CECO VACLAV JANIK, ENNESIMO COLPO DI SCENA: A METÀ PERCORSO INIZIA A CADERE LA PIOGGIA!
È QUESTIONE DI POCHE CENTINAIA DI METRI E MANCANO ORMAI DUE SOLI CONCORRENTI ALL'APPELLO SOTTO LA BANDIERA A SCACCHI, CHE, IGNARI DELLO SCROSCIO D'ACQUA IMPROVVISO A BORNO, SONO GIÀ PARTITI DA MALEGNO.

... BORMOLINIIIII!!! TEMPO SPETTACOLARE: 3' 57" 23! È INCREDIBILE, SE PENSIAMO CHE HA CONDOTTO PARTE DELLA SUA GARA SUL BAGNATO! ORA PASSA LUI A CONDURRE LA CLASSIFICA CON 7' 54" 77, MA L'AGO DELLA BILANCIA DI QUESTA EDIZIONE È ANCORA TOSINI, CHE NON TARDERÀ AD ARRIVARE...

QUANDO POI TOSINI PASSA DAVANTI ALLE FOTOCELLULE DEL CRONOMETRO IL LORO RESPONSO FA INTUIRE CHE QUALCOSA NON DEVE ESSERE ANDATO PER IL VERSO GIUSTO.

TOSINI NON CE L'HA FATTA E BORMOLINI È L'INCONTRASTATO VINCITORE DI OGGI. TOSINI È STATO BRAVISSIMO, MA FORSE HA PREFERITO ALZARE UN PO' IL PIEDE DALL'ACCELERATORE PER SCONGIURARE IL RISCHIO DI DANNEGGIARE LA SUA OSELLA!

FAUSTO BORMOLINI, PUR RAGGIANTE PER LA MERITATA VITTORIA, RILASCIA UNA DICHIARAZIONE DENSA DI UMANA SPORTIVITÀ.
SENZA QUELL'IMPROVVISA PIOGGIA E I PROBLEMI A ZANARDINI, PROBABILMENTE L'ESITO FINALE DELLA GARA SAREBBE STATO DIVERSO. MA SONO COMUNQUE FELICE DI AVER CONQUISTATO UNA VITTORIA PROPRIO QUI, A BORNO!
RENAPI... Motorsport
C'È TEMPO PER UN ULTIMO, PICCOLO GIALLO: ALLA CERIMONIA DI PREMIAZIONE, DOPO I PRIMI FESTEGGIAMENTI SUL PODIO, VIENE CONSEGNATO IL "TROFEO VALLECAMONICA", MA NON AL PILOTA VALTELLINESE, BENSÌ A TIZIANO RIVA. TRA IL PUBBLICO C'È CHI STORCE IL NASO.
CRONOSCALATA VALLECAMONICA
FIA HILLCLIMB CUP
MTIVM
44° TROFEO CRONOSCALATA VALLECAMONICA
1
... MA COME! NON HAN DETTO POCO FA CHE HA VINTO BORMOLINI? ALLORA PERCHÉ DANNO IL PREMIO AL SECONDO ARRIVATO?!
SI RENDONO NECESSARIE DELLE SPIEGAZIONI, CHE È LO STESSO SPEAKER UFFICIALE A FORNIRE.
LA REYNARD K-02 DI BORMOLINI, TRATTANDOSI DI UNA MONOPOSTO CONFIGURATA CON ASSETTO DI GARA CONFORME SECONDO LE REGOLE CONTINENTALI DEL "FIA INTERNATIONAL HILLCLIMB CUP", NON PUÒ FIGURARE NELLA CLASSIFICA NAZIONALE "CSAI", A CUI È CORRELATO IL "TROFEO VALLECAMONICA", MA SOLO IN QUELLA "FIA". PERTANTO BORMOLINI, PUR RICONOSCIUTO QUALE VINCITORE, NON PUÒ RITIRARE IL "TROFEO VALLECAMONICA" MA SOLO IL PREMIO RISERVATO AL 1° CLASSIFICATO ASSOLUTO!
IN PRATICA È COME AVERE DUE VINCITORI, MA POCO IMPORTA: È UNA FESTA DI PREMI, SPUMANTE, SORRISI E APPLAUSI PER TUTTI. LA "MALEGNO-OSSIMO-BORNO" SEMBRA TORNATA AGLI ANTICHI SPLENDORI D'UN TEMPO. SONO PASSATI CINQUANT'ANNI ESATTI DA QUELLA PRIMA EDIZIONE, FORTEMENTE VOLUTA DA RENZO CASTAGNETO, CHE GIÀ FU TRA GLI ARTEFICI DELLA "MILLE MIGLIA" E CHE OGGI SIAMO IN DOVERE DI RICORDARE, ALLE SOGLIE DEL 2015 E DELL'EDIZIONE NUMERO 45.
MOSTRA ARTISTICA "UNA CORSA NELLA LEGGENDA"
CRONOSCALATA TROFEO VALLECAMONICA
LOGO UFFICIALE 2015
... E A 50 ANNI DALLA MIA PRIMA PARTECIPAZIONE, ECCO A VOI IL NUOVO VINCITORE!
LUCIANO DAL BEN
CHRISTIAN MERLI VINCITORE DELL'EDIZIONE 2015
AVON
SB GROUP HDI BlueCity ITALY Stampi
Blue City
www.osella.it
VIMOTORSPORT
3' 41" 60 RECORD DI MANCHE ASSOLUTO PER CHRISTIAN MERLI
L'EDIZIONE 2015 SANCISCE UNA NUOVA COLLABORAZIONE TRA L'ACI BRESCIA E LA "SQUADRA CORSE ANGELO CAFFI", CON L'OBIETTIVO DI UN DEFINITIVO RILANCIO IN GRANDE STILE. MA QUESTA È UN'ALTRA LUNGA STORIA, ANCORA TUTTA DA SCRIVERE...

APPENDICE

CLASSIFICA ASSOLUTA

				km/h
1°	Mauro Nesti	Osella Cebora	3'58"76	132,685
2°	Giulio Regosa	Osella Bmw	a 0"86	
3°	Ezio Baribbi	Osella PA-9	a 3"71	
4°	Giuseppe Tambone	Osella PA-9	a 4"15	
5°	Philippe Darbellay	Lucchini Bmw	a 6"12	
6°	Romano Casasola	Osella PA-9	a 7"14	
7°	Pasquale Irlando	Osella PA-9	a 12"50	
8°	Massimo Saccomanno	Lucchini S 288	a 18"20	
9°	Paolo Lara	Osella Bmw	a 23"64	
10°	Demetrio Panzeri	Osella Bmw	a 30"20	

CLASSIFICA ASSOLUTA

				km/h
1°	Mauro Nesti	Osella PA-9 Cebora	3'57"06	133,637
2°	Ezio Baribbi	Osella PA-9	a 3"65	
3°	Pasquale Irlando	Olmas Ram	a 11"22	
4°	Giulio Regosa	Osella PA-9	a 11"63	
5°	Paolo Lara	Osella PA-9/85	a 13"53	
6°	Philippe Darbellay	Lucchini	a 13"91	
7°	Massimo Saccomanno	Lucchini	a 15"67	
8°	Rodolfo Aguzzoni	Osella PA-9	a 15"81	
9°	Giuseppe Tambone	Symbol Lsm	a 17"71	
10°	Vincenzo Zanini	Osella PA-9	a 20"52	

CLASSIFICA ASSOLUTA

				km/h
1°	Ezio Baribbi	Osella PA-9 2500	3'55"65	134,436
2°	Mauro Nesti	Osella PA-9 90	a 0"23	
3°	Romano Casasola	Osella PA-9 90	a 9"13	
4°	Pasquale Irlando	Osella PA-9	a 10"78	
5°	Rodolfo Aguzzoni	Osella PA-9	a 11"20	
6°	Giuseppe Tambone	Prc Bmw	a 13"58	
7°	Paolo Lara	Osella PA-9 90	a 18"30	
8°	Vincenzo Zanini	Osella ASA-9	a 18"50	
9°	Lino Anastasio	Osella PA-9	a 18"66	
10°	Demetrio Panzeri	Osella PA-10	a 23"38	

<table>
<tr><td colspan="5" align="center">CLASSIFICA ASSOLUTA</td></tr>
<tr><td></td><td></td><td></td><td></td><td>km/h</td></tr>
<tr><td>1°</td><td>Ezio Baribbi</td><td>Osella PA-9 2500</td><td>3'58"07</td><td>133,070</td></tr>
<tr><td>2°</td><td>Mauro Nesti</td><td>Osella PA-9 90</td><td>a 1"29</td><td></td></tr>
<tr><td>3°</td><td>Pasquale Irlando</td><td>Osella PA-9</td><td>a 5"38</td><td></td></tr>
<tr><td>4°</td><td>Giovanni Cassibba</td><td>Osella PA-9</td><td>a 9"11</td><td></td></tr>
<tr><td>5°</td><td>Giuseppe Tambone</td><td>Paganucci Bmw</td><td>a 12"13</td><td></td></tr>
<tr><td>6°</td><td>Roberto Biasioli</td><td>Lucchini</td><td>a 17"01</td><td></td></tr>
<tr><td>7°</td><td>Gianmaria Castelli</td><td>Lucchini</td><td>a 23"20</td><td></td></tr>
<tr><td>8°</td><td>Antonio Rossetto</td><td>Lola 594 Ford</td><td>a 25"68</td><td></td></tr>
<tr><td>9°</td><td>Vincenzo Zanini</td><td>Osella PA-9</td><td>a 25"75</td><td></td></tr>
<tr><td>10°</td><td>Fausto Bormolini</td><td>Stenger</td><td>a 25"90</td><td></td></tr>
</table>

<table>
<tr><td colspan="5" align="center">CLASSIFICA ASSOLUTA</td></tr>
<tr><td></td><td></td><td></td><td></td><td>km/h</td></tr>
<tr><td>1°</td><td>Mauro Nesti</td><td>Lucchini Bmw 3000</td><td>4'02"55</td><td>130,612</td></tr>
<tr><td>2°</td><td>Pasquale Irlando</td><td>Alfa Romeo 155 GTA</td><td>a 10"23</td><td></td></tr>
<tr><td>3°</td><td>Fabio Danti</td><td>Lucchini</td><td>a 14"11</td><td></td></tr>
<tr><td>4°</td><td>Gianmaria Castelli</td><td>Lucchini Alfa Romeo</td><td>a 18"45</td><td></td></tr>
<tr><td>5°</td><td>Giuseppe Tambone</td><td>Prc Paganucci</td><td>a 19"59</td><td></td></tr>
<tr><td>6°</td><td>Maurizio Roasio</td><td>Osella PA-9</td><td>a 22"55</td><td></td></tr>
<tr><td>7°</td><td>Susy (Alberto Nardari)</td><td>Ford Escort</td><td>a 28"40</td><td></td></tr>
<tr><td>8°</td><td>Giuseppe Peroni</td><td>Lucchini P3</td><td>a 30"34</td><td></td></tr>
<tr><td>9°</td><td>Luca Cappellari</td><td>Lancia Delta Integrale</td><td>a 31"23</td><td></td></tr>
<tr><td>10°</td><td>Luigino Odorizzi</td><td>Bmw M3</td><td>a 32"91</td><td></td></tr>
</table>

<table>
<tr><td colspan="5" align="center">CLASSIFICA ASSOLUTA</td></tr>
<tr><td></td><td></td><td></td><td></td><td>km/h</td></tr>
<tr><td>1°</td><td>Mauro Nesti</td><td>Lucchini Bmw</td><td>3'56"72</td><td>133,829</td></tr>
<tr><td>2°</td><td>Ezio Baribbi</td><td>Oms Bmw</td><td>a 0"67</td><td></td></tr>
<tr><td>3°</td><td>Fabio Danti</td><td>Lucchini Bmw</td><td>a 4"45</td><td></td></tr>
<tr><td>4°</td><td>Pasquale Irlando</td><td>Osella PA-20</td><td>a 7"93</td><td></td></tr>
<tr><td>5°</td><td>Giulio Regosa</td><td>Rebo Bmw</td><td>a 16"19</td><td></td></tr>
<tr><td>6°</td><td>Franz Tschager</td><td>Lucchini</td><td>a 21"89</td><td></td></tr>
<tr><td>7°</td><td>Mario Faggioli</td><td>Lucchini</td><td>a 25"54</td><td></td></tr>
<tr><td>8°</td><td>Piero Nappi</td><td>Bogani Alfa Romeo</td><td>a 26"33</td><td></td></tr>
<tr><td>9°</td><td>Giovanni Loffredo</td><td>Lucchini Alfa Romeo</td><td>a 26"73</td><td></td></tr>
<tr><td>10°</td><td>Peter</td><td>Lucchini Alfa Romeo</td><td>a 29"13</td><td></td></tr>
</table>

CLASSIFICA ASSOLUTA

				km/h
1°	Pasquale Irlando	Osella PA-20 Bmw	7'46"47	135,828
2°	Piero Nappi	Osella PA-20 Bmw	a 8"51	
3°	Giulio Regosa	Osella BMw PA-9/90	a 20"11	
4°	Rudiger Faustmann	Faust Bmw P94	a 22"73	
5°	Mario Caliceti	Osella PA-9	a 31"04	
6°	Luigi Bormolini	Osella PA-9	a 37"77	
7°	Ivan Butti	Sighinolfi Alfa Romeo	a 46"52	
8°	G. De La Casa	Osella PA-9	a 47"17	
9°	Ricky	Osella PA-20	a 49"51	
10°	Lucio Ferrari	Osella PA-18 Alfa Romeo	a 50"51	

CLASSIFICA ASSOLUTA

				km/h
1°	Fabio Danti	Osella Randlinger	7'34"82	139,307
2°	Pasquale Irlando	Osella PA-20 S	a 8"94	
3°	Franz Tschager	Breda Bmw	a 16"55	
4°	Rudiger Faustmann	Faust C3 F94	a 23"63	
5°	Giulio Regosa	Rebo Bmw	a 25"62	
6°	Fulvio Braconi	Osella PA-20 S	a 26"20	
7°	Fausto Bormolini	Lucchini Bmw	a 37"03	
8°	Mario Caliceti	Sighinolfi P3	a 39"02	
9°	Maurizio Roasio	Osella PA-20 S	a 45"72	
10°	Mauro Nesti	Lucchini Bmw	a 52"60	

CLASSIFICA ASSOLUTA

				km/h
1°	Antonino La Vecchia	Alfa Romeo 155	9'34"65	110,258
2°	Fabio Danti	Skoda Octavia	a 28"68	
3°	Walter Santus	Volkswagen Golf 3	a 38"88	
4°	Adriano Zerla	Peugeout 405 Mi 16V	a 39"12	
5°	Maurizio Iacoangeli	Bmw M3	a 45"05	
6°	Stefano Lovato	Alfa Romeo 155 V6	a 52"49	
7°	Otakar Kramsky	Bmw M3	a 53"74	
8°	Vittorio Gomboso	Alfa Romeo 155 V6 Ti	a 1'00"95	
9°	Roberto Silli	Renault Clio Williams	a 1'05"94	
10°	Gianni Di Fant	Ford Escort Cosworth	a 1'08"03	

CLASSIFICA ASSOLUTA

				km/h
1°	Pasquale Irlando	Osella PA-20 S	7'37"37	138,531
2°	Mirko Savoldi	Lucchini P1/98	a 6"01	
3°	Giulio Regosa	Osella PA-20 S	a 13"58	
4°	Mauro Nesti	Breda Bmw	a 19"01	
5°	Ezio Baribbi	Osella PA-20	a 19"41	
6°	Erasmo Bologna	Osella PA-20 S Bmw	a 25"65	
7°	Renzo Napione	Osella PA-20 Bmw	a 28"20	
8°	Fausto Bormolini	Lucchini P3/94	a 33"88	
9°	Antonino La Vecchia	Alfa Romeo 155 V6 Ti	a 43"12	
10°	Mario Faggioli	Osella PA-20 S	a 47"30	

CLASSIFICA ASSOLUTA

				km/h
1°	Pasquale Irlando	Osella PA-20 S	7'31"24	140,143
2°	Franz Tschager	Lucchini Bmw	a 9"37	
3°	Giulio Regosa	Osella PA-20 Bmw	a 12"62	
4°	Franco Cinelli	Osella PA-20 S	a 16"09	
5°	Argangelo Crescenza	Osella PA-20 S	a 31"78	
6°	Renzo Napione	Osella PA-20 S	a 34"79	
7°	Otakar Kramsky	Osella PA-20 S	a 41"34	
8°	Rosario Iaquinta	Osella PA-20 S Alfa R.	a 42"79	
9°	Lucio Ferrari	Osella PA-20 S Ford	a 1'05"42	
10°	Nello Gnesato	Olmas Bmw	a 1'08"75	

CLASSIFICA ASSOLUTA

				km/h
1°	Franz Tschager	Osella PA-20 S Bmw	8'06"75	130,169
2°	Franco Cinelli	Osella PA-20 S Armaroli	a 3"83	
3°	Rosario Iaquinta	Sighinolfi SP Bmw	a 6"53	
4°	Fausto Bormolini	Osella PA-20 Bmw	a 12"62	
5°	Fabrizio Fattorini	Osella PA-20 Bmw	a 13"02	
6°	Renzo Napione	Osella PA-20 Bmw	a 32"87	
7°	Fausto D'Alpaos	Osella PA-20 Bmw	a 52"04	
8°	Marco Iacoangeli	Bmw 320	a 1'00"19	
9°	Massimo Gervasi	Osella PA-20 Bmw	a 1'00"76	
10°	Oronzo Pezzolla	Skoda Octavia Wagon	a 1'09"08	

	CLASSIFICA ASSOLUTA		
1°	Franz Tschager	Osella Garda Kart	5'53"04
2°	Simone Faggioli	Osella PA-20 S	a 1"01
3°	Giulio Regosa	Osella PA-20	a 1"46
4°	Franco Cinelli	Osella PA-20 S	a 2"08
5°	Fabrizio Fattorini	Osella Trofeo	a 2"19
6°	Otakar Kramsky	Osella PA-20	a 6"95
7°	Armando Mangini	Osella PA-20 S	a 10"44
8°	Fausto Bormolini	Osella PA-20	a 12"99
9°	Renzo Napione	Osella PA-20	a 21"48
10°	Alessandro Gabrielli	Osella PA-20	a 23"47

	CLASSIFICA ASSOLUTA		
1°	Franz Tschager	Osella PA-20 S Bmw	5'41"87
2°	Giulio Regosa	Osella PA-20 Bmw	a 4"17
3°	Simone Faggioli	Osella PA-20 Bmw	a 11"77
4°	Franco Cinelli	Osella PA-20 Bmw	a 13"03
5°	Andrea De Biasi	Osella PA-20 Bmw	a 14"41
6°	Otakar Kramsky	Osella PA-20 Bmw	a 16"03
7°	Erasmo Bologna	Osella PA-20 Bmw	a 18"28
8°	Rosario Iaquinta	Osella PA-20 Bmw	a 23"17
9°	Rocco Aiuto	Osella PA-20 Bmw	a 31"00
10°	Raimondo Saldi	Osella PA-20 Bmw	a 33"42

	CLASSIFICA ASSOLUTA		
1°	Denny Zardo	Osella PA-20 S	8'12"75
2°	Omar Magliona	Osella PA-20 S Bmw	a 9"03
3°	Fausto Bormolini	Osella PA-20 S	a 12"15
4°	Simone Faggioli	Osella PA-20 S	a 14"17
5°	Pasquale Irlando	Osella PA-21 S Honda	a 20"50
6°	Andrea De Biasi	Osella PA-21 S Honda	a 26"19
7°	Otakar Kramsky	Osella Bmw K03	a 28"25
8°	Armando Mangini	Osella ASA-20 S	a 31"28
9°	Fausto D'Alpaos	Osella PA-20 S	a 33"21
10°	Marino Ramella	Osella PA-20	a 39"18

2004

CLASSIFICA ASSOLUTA

				km/h
1°	Andrea De Biasi	Osella PA-20 S	7'54"56	130,342
2°	Giulio Regosa	Osella PA-20 S	a 5"36	
3°	Fausto Bormolini	Osella PA-20 S	a 10"70	
4°	Omar Magliona	Osella PA-20 S	a 11"22	
5°	Franco Cinelli	Osella PA-20 S	a 11"28	
6°	Simone Faggioli	Osella PA-21 S	a 12"22	
7°	Pasquale Irlando	Osella PA-21 S Honda	a 15"25	
8°	Otakar Kramsky	Osella Bmw K04	a 18"07	
9°	Renzo Napione	Osella PA-20 S	a 21"58	
10°	Fabrizio Fattorini	Osella PA-21 S	a 22"58	

2005

CLASSIFICA ASSOLUTA

				km/h
1°	Alex Caffi	Lola Zytek F.3000	3'50"03	134,150
2°	Simone Faggioli	Osella PA-21 S	a 5"27	
3°	Denny Zardo	Osella PA-21 S	a 6"14	
4°	Andrea De Biasi	Osella PA-20 S	a 6"29	
5°	Rosario Iaquinta	Osella PA-21 S	a 9"93	
6°	Giulio Regosa	Osella PA-20 S	a 10"70	
7°	Franco Cinelli	Osella PA-21 S	a 11"99	
8°	Adriano Zerla	Osella PA-21 S	a 15"78	
9°	Pasquale Irlando	Osella PA-21 Junior	a 15"82	
10°	Laszlo Szasz	Reynard Zytek F.3000	a 17"11	

2007

CLASSIFICA ASSOLUTA

				km/h
1°	David Baldi	Osella PA-21 S	8'03"01	128,060
2°	Giulio Regosa	Osella PA-21 S	a 10"74	
3°	Massimo Cozzoli	Osella PA-21 S	a 30"75	
4°	Giuseppe Presti	Lucchini Bmw	a 31"45	
5°	Franco Putelli	Ferrari 360 Modena	a 34"50	
6°	Fulvio Giuliani	Lancia Delta Evoluzione	a 35"43	
7°	Walter Santus	Skoda Fabia WCR	a 42"03	
8°	Giorgio Leonardi	Audi A4 ST	a 47"77	
9°	Roland Florian	Ford Escort Cosworth	a 57"75	
10°	Marco Capucci	Osella PA-21 S	a 1'00"16	

CLASSIFICA ASSOLUTA

				km/h
1°	Giulio Regosa	Lola B99/50	7'39"32	134,670
2°	David Baldi	Lola B02/50	a 1"67	
3°	Franco Cinelli	Lola T99/50 Mugen	a 23"56	
4°	Adriano Zerla	Osella PA-21 S	a 25"11	
5°	Mirko Savoldi	Gloria C7p Suzuki	a 26"01	
6°	Tiziano Ferrais	Ferrais CH2	a 26"98	
7°	Gianluca Caldani	Osella PA-21 S	a 38"49	
8°	Fausto D'Alpaos	Lola Cosworth	a 42"65	
9°	Stefano Peroni	Osella PA-21 Honda	a 44"25	
10°	Fabio Faustinelli	Porsche 911 RSR 996	a 51"32	

CLASSIFICA ASSOLUTA

				km/h
1°	Adriano Zerla	Osella PA-30	7'41"44	134
2°	Giulio Regosa	Osella PA-21 S Honda	a 30"92	
3°	Massimo Cozzoli	Osella PA-21 S	a 33"48	
4°	Giuseppe Presti	Lucchini Bmw	a 44"37	
5°	Franco Putelli	Ferrari F430	a 49"15	
6°	Franco Perini	Alfa Romeo 155 DTM	a 51"48	
7°	Renzo Meneghetti	Lucchini 06	a 59"12	
8°	Marco Capucci	Osella PA-21 Junior	a 59"52	
9°	Enzo Bellin	Osella PA-21 S	a 1'11"06	
10°	Ettore Bonara	Radical SR4	a 1'12"18	

CLASSIFICA ASSOLUTA

				km/h
1°	Alex Caffi	Osella FA-30	7'26"93	138,40
2°	Fausto Bormolini	Reynard K2 F.3000	a 2"74	
3°	Franco Cinelli	Lola B99/50	a 16"76	
4°	Denny Zardo	Gloria C8P/10 Evo	a 23"54	
5°	Mirko Zanardini	Formula Master	a 32"57	
6°	Renzo Napione	Reynard K02 F.3000	a 37"47	
7°	Giulio Regosa	Osella PA-21 S	a 45"56	
8°	Severino Gallini	Lola B99/50	a 46"46	
9°	Renzo Meneghetti	Lucchini 06 Bmw	a 54"16	
10°	Andrea Mamè	Porsche 997 GT3	a 58"89	

2012

CLASSIFICA ASSOLUTA

1°	Joel Volluz	Osella FA-30		7'57"95
2°	Mirko Zanardini	Osella PA-30	a	1"00
3°	Giulio Regosa	Osella FA-30	a	4"31
4°	Omar Magliona	Osella PA-21 S	a	6"72
5°	Franco Cinelli	Lola Zytek 99/50	a	8"99
6°	Tiziano Riva	Reynard 92D	a	12"86
7°	Luca Tosini	Osella PA-21 S	a	39"43
8°	Federico Liber	Formula Gloria	a	40"13
9°	Franco Bertò	Tatuus Renault	a	57"49
10°	Cesare Brusa	Audi A4 Stw	a	1'03"40

2013

CLASSIFICA ASSOLUTA

					km/h
1°	Christian Merli	Osella PA-2000		7'27"82	138,100
2°	Julien Ducommun	Osella FA-30	a	5"39	
3°	Luca Tosini	Osella FA-30	a	17"96	
4°	Giulio Regosa	Osella PA-30	a	33"58	
5°	Fausto Bormolini	Reynard K02	a	39"79	
6°	Federico Liber	Fomula Gloria C8F	a	44"19	
7°	Tiziano Ferrais	Juno Ferrys CH3	a	55"58	
8°	Marco Capucci	Osella PA-21 S	a	1'05"39	
9°	Diego De Gasperi	Radical Prosport	a	1'09"60	
10°	Franco Perini	Radical Prosport	a	1'13"03	

2014

CLASSIFICA ASSOLUTA

					km/h
1°	Fausto Bormolini	Reynard K02		7'54"77	128,9
2°	Tiziano Riva	Reynard 92D Cosworth	a	1"84	
3°	Luca Tosini	Osella FA-30	a	3"08	
4°	Christian Merli	Osella PA-21 S Evo	a	9"50	
5°	Renzo Napione	Reynard K02	a	28"99	
6°	Vaclav Janik	Lola 302/59	a	30"33	
7°	Enrico Zandonà	Formula Reynard	a	33"06	
8°	Marco Capucci	Osella PA-21 S	a	36"26	
9°	Gino Pederotti	Formula Renault	a	38"18	
10°	Severino Gallini	Lola B99/50	a	40"49	

COME È STRUTTURATA LA GARA

CLASSIFICA ASSOLUTA, DI GRUPPO E PER CLASSE

Per una maggiore comprensione di quanto si legge nel corso del racconto a fumetti – specie per chi, pur appassionato di corse automobilistiche non conosce questa tipologia di gare – ecco una breve nota esplicativa su come è strutturata la gara nelle sue distinzioni tra classifica assoluta, di gruppi e per classe.

ASSOLUTI

Quando si parla di classifica assoluta, si intende una graduatoria che comprende i concorrenti di tutte le categorie (gruppi e classi) nell'ordine specifico dei migliori riscontri cronometrici ottenuti in gara: dal tempo più basso a quello più alto.

GRUPPI

I gruppi sono definiti dalla derivazione delle vetture.

Un tempo classificati come *Turismo di serie, Gran Turismo, Sport* e via dicendo, nel corso degli anni hanno assunto via via diverse denominazioni e ripartizioni.

Dagli anni 80, ad esempio, tra i gruppi di maggior rilievo ci sono il *Gruppo N*, composto da vetture esclusivamente di produzione di serie, il *Gruppo A*, che comprende vetture turismo a 4 posti con produzione minima di 5.000 esemplari in dodici mesi consecutivi e con minime elaborazioni consentite, il *Gruppo B* – soppresso poi negli anni '90 – destinato a vetture sportive a 2 posti con produzione minima di 200 esemplari in dodici mesi consecutivi, il *Gruppo Sport Prototipi*, composto da vetture sportive, prototipi da corsa e biposto.

Come per quella assoluta, anche le classifiche di ogni singolo gruppo vengono stilate sempre nell'ordine dal tempo più basso al più alto, indipendentemente dalla classe a cui appartiene la vettura.

CLASSI

Ogni gruppo è ulteriormente suddiviso per classi, che vengono costituite secondo l'ordine di cilindrata.

Per intenderci, all'interno dello stesso *Gruppo A*, negli anni '90, potevano coesistere sia una *Classe 1300*, composta da auto di bassa cilindrata – appunto fino a 1.300 cm^3 – come la *Peugeot 205 Rally* o la *Volkswagen Polo GT*, sia una *Classe 2500* e talvolta anche classi con oltre 3.000 cm^3 di cilindrata, con vetture di ben altra potenza come, ad esempio, l'*Alfa Romeo 75*, la *Bmw M3* o la *Lancia Delta Integrale*.

Anche per le classi la classifica viene determinata nell'ordine crescente dei migliori rilievi cronometrici.

La necessità di ripartire le vetture in questo modo nasce dall'intenzione di permettere la partecipazione alle competizioni dei più diversi tipi di auto, dalle vetture di grande serie, ai prototipi, alle monoposto, mantenendo tuttavia viva la combattività tra i concorrenti, che così possono confrontarsi all'interno di un raggruppamento con vetture aventi caratteristiche simili e senza differenze di prestazioni eccessive (se così non fosse, avrebbe certamente poco senso un confronto agonistico diretto tra un pilota al volante di una *Peugeot 106* e un altro a bordo di una *Alfa Romeo 155 Gta*).

NEL GRUPPO A, IL BRESCIANO GIAN ANTONIO FRANZONI, TITOLARE DI UN'AUTOFFICINA A GORZONE DI DARFO BOARIO TERME, SPREME COME UN LIMONE LA SUA VECCHIA ALFA ROMEO SPRINT.
MA NELLO STESSO GRUPPO A C'È ANCHE GIAN MARIO MAZZOLI, CON LA LANCIA DELTA INTEGRALE, CHE CONCORRE NELLA CLASSE +2500.
NE HA FATTA DI STRADA DA QUEL SUO DEBUTTO NEL 1982, DAVANTI A CENTOMILA SPETTATORI, CON UNA A112...
SCATTA PUNTUALE DAL VIA: DOVRÀ VEDERSELA CON L'ALFA ROMEO 75 DEL PLURICAMPIONE ITALIANO MAURIZIO JACOANGELI.

La storia a fumetti dei primi vent'anni di una delle competizioni più amate dagli appassionati di automobilismo e delle più apprezzate dai piloti.

Immerso nel verde della Valcamonica, con un percorso tra i più selettivi e spettacolari, la Malegno-Ossimo-Borno è oggi probabilmente la cronoscalata automobilistica più famosa in Italia.

Qui, con dislivello di oltre 500 metri, da colmare su un tracciato lungo poco meno di 9 km, piloti e vetture, queste ultime suddivise per categorie, da quelle storiche a quelle più moderne e potenti, si danno battaglia sui ripidi tornanti della valle.

Ma quello della Malegno-Borno è anche, o forse soprattutto, un vero e proprio rito collettivo, un rito che inizia coi primi rombi dei motori durante le prove e che culmina, al massimo del pathos, con la gara. Nel mezzo ci sta un po' di tutto, le rivalità, i record da battere, le promesse da mantenere, le note di colore, come i pic nic con tanto di grigliata all'aperto del pubblico più fedele e organizzato, insomma tante piccole e grandi storie da ricordare che nascono e finiscono in un week end.

Un ricettario ormai non lo si nega più a nessuno. Lo scrivono con novella e impeccabile competenza giornalisti, medici, sportivi, politici, veline, casalinghe bloggate, mezzibusti televisivi e anche busti interi e forse, prima o poi, anche qualche cardinale. Anche i cani hanno il loro ricettario, ovviamente scritto da un cane. Si poteva forse stare da meno? Certo che no.

Così ecco un personalissimo libro di cucina, non uno dei tanti che affollano gli scaffali delle librerie e dei supermercati, bensì un ricettario umoristico illustrato.

Qui, oltre alle ricette, tutte rigorosamente collaudate dall'équipe di Nonna Farina, il contorno è dato dalle tavole umoristiche di Salvetti. A corroborare il tutto si inframmezzano poi qua e là, giusto per stuzzicare l'appetito e la convivialità, gustosissimi enogastronomici racconti d'autore.

Il cucinaccio, un'agile guida al buonumore e al buon mangiare, ricca di idee e di suggerimenti, per cucinare in allegria in famiglia e con gli amici.

«Ricordo ancora la sua faccia paonazza in tribunale quando davanti al giudice urlava: "Ha cercato di uccidermi signor Giudice, lo giuro su mia madre! – facendo il giuramento degli scout – Lei lo sapeva che la confezione era scaduta e – pausa ad effetto – senza dirmi niente, me ne ha fatto mangiare tre porzioni!».

Iniziano così le avventure semiserie di Concetta, che si ritrova a cinquant' anni a reinventarsi una vita quando viene lasciata dal marito. Inizialmente è quasi contenta di essersi liberata di un uomo abitudinario e che non la valorizzava, ma poi si rende conto che la vita alla sua età non è facile. Il tempo ha iniziato a modificare il suo corpo e deve correre ai ripari con urgenza. E allora via con tentativi di diete varie, massaggi, palestra e altre vari escamotage al fine di eliminare: pancia, cellulite, doppio mento, braccia a pipistrello, ecc. Deve poi affrontare il problema del sesso e della socializzazione. Concetta si barcamena tra diverse esperienze: speed date, appuntamenti al buio, crociere per single, gite varie e non sempre ne uscirà vincente. Poi un giorno...

Viaggiare è certamente una delle esperienze più belle. Ogni viaggio è occasione di incontri e di avventure, avventure alla scoperta di luoghi, culture e persone. Per questo i momenti del viaggio sono memorabili, sono cioè quelli che poi si ricordano e si raccontano di più agli amici. Ma l'incontro, la scoperta, possono rivelare aspetti imprevisti, tanto imprevisti da scardinare l'ordinarietà del quotidiano ed è qui, negli inciampi degli eventi, che può uscire allo scoperto il naturale umorismo della vita.

La capacità di mantenere accesa la curiosità, di sapersi ancora stupire, di guardare il mondo con occhi nuovi, di riscoprirsi protagonisti di una storia che, al di là di ogni età, diventa avventura, sono il significato vero e più profondo del viaggio, che per questo, per essere tale, non necessita né di grandi distanze da percorrere né di grandi mezzi economici o di particolari competenze.

In questo libro, scritto e disegnato a più mani, si è allora cercato di dare spazio non tanto al racconto di itinerari mirabolanti o esclusivi, ma alla capacità di vedere un lato positivo anche nella disavventura turistica, alla capacità (oramai rara tra gli uomini d'oggi) di non prendersi mai del tutto sul serio e di affrontare anche l'imprevisto con un sorriso.

Direttamente dalla bottega delle filastrocche, una serie di brevi allegri componimenti in rima, dove le parole si inseguono e giocano ritmicamente tra loro.

Ogni filastrocca è un'occasione: un'occasione per imparare divertendosi, per chi sta muovendo i primi passi nella lettura, un'occasione, per nonni e genitori, per dei lieti racconti da leggere ai propri piccini.

Grilli e formiche, rose e tulipani, ciambelle e dentini da latte, insieme agli altri protagonisti di questo libro, vi attendono per raccontarvi le loro storie.

Allora che aspettate? Entrate nella bottega delle filastrocche.

SPORT & BENESSERE

L'uomo è da sempre alla ricerca della perfezione, intesa anche come sviluppo armonico e benessere psico-fisico, e questo libro, in maniera chiara e concreta, offre consapevolezze e una corretta via da seguire per raggiungerla. Per vivere meglio la propria quotidianità non basta infatti praticare uno sport o fare della semplice attività fisica, in entrambi i casi bisogna sapere cosa fare e come farlo.

Con semplicità, senza tuttavia mai banalizzare, l'autore non esita a entrare nello specifico di tematiche basilari e di fondamentale importanza, che dovrebbero essere patrimonio noto e diffuso tra gli sportivi, e che invece sovente poco si conoscono o vengono trattate con parole e argomentazioni non sempre di facile comprensione.

Una guida semplice per organizzare, con metodo, il proprio allenamento personalizzato – sia che si sia degli atleti sia delle persone comuni – per migliorare la propria qualità della vita sviluppando un fisico armonico in cui gli aspetti estetici e quelli funzionali vadano di pari passo.

Prefazione di Igor Cassina.

Può lo yoga della risata cambiare, in meglio, la vita di una persona? Secondo Danny Singh sì. Inglese di Londra, anche se l'aspetto tradisce le origini non propriamente british, a Roma da più di 20 anni, in questo libro l'autore si svela raccontando, con molto sense of humour, gli ultimi 10 anni della propria vita e di come, da uomo felice che era, oggi, grazie allo yoga della risata sia diventato una persona che ama la vita perché sa ridere. Questo libro non è però solo il resoconto di una serie di episodi personali e dunque l'autore ci narra come è nato il suo originalissimo metodo di insegnamento della lingua inglese Laughlearn (ridere e imparare), imitato successivamente da molti formatori nelle più svariate aree disciplinari e di come via via, grazie allo yoga della risata, l'ha messo a punto facendo tesoro delle varie esperienze vissute, ci racconta di come è nato e si è sviluppato lo yoga della risata in Italia, ci mostra, quale parentesi tra un corso e l'altro, il suo apprezzamento per la buona cucina e, soprattutto, dimostra, con tanta umiltà, la sua gratitudine per tutto quello che lo yoga della risata gli ha dato, come insegnante e come uomo.

SAGGISTICA

Il Medioevo è di moda. Il cinema, la letteratura di genere, l'arte, partecipano a questo fenomeno revivalistico che guardando al passato ci permette, paradossalmente, di raccontare il presente e di immaginare il futuro. Incapace di attenersi a un programma coerente, la lusinga dell'età di mezzo ha dato luogo a un marasma di visioni distanti e, magari, contraddittorie. L'autore guida il lettore fra nuovi medioevi e fantascienza post-apocalittica, stimolandone la curiosità e aiutandolo a orientarsi in un labirinto culturale che sembra poggiare le fondamenta nei tanti medioevi creati dal secolo del vapore e della rivoluzione industriale, piuttosto che nella realtà del Medioevo storico.

MARKETING

In periodi di profonda crisi economica, come quello che stiamo vivendo, è sempre più difficile per imprenditori e professionisti riuscire nella propria attività e a volte anche solo cercare di far quadrare i conti è davvero un'impresa.

Oggi il web può tuttavia offrire alle piccole imprese degli strumenti a basso costo in grado di aiutarle a sviluppare nuove relazioni commerciali, efficaci e durature, in grado di dare ampi margini di miglioramento al loro business.

Il web marketing è dunque una grande opportunità per un'impresa che voglia affrontare i nuovi scenari che si stanno delineando e, contrariamente a quello che si potrebbe pensare, non sempre è necessario investire grandi risorse. Scritto in maniera chiara e semplice, perché pensato per gli imprenditori e non per gli informatici, il libro vuole essere una veloce guida pratica, ricca di esempi, soluzioni tecniche e suggerimenti, per aiutare passo passo le piccole imprese a sviluppare, low cost, una propria strategia di web marketing.

LETTERATURA UMORISTICA

Siamo tutti più o meno travolti dalle passioni, quelle di serie A ma anche quelle di serie B e C e fino alla Z: per una squadra di calcio, una collezione di sottobicchieri da birra, la ricerca delle pizzerie, la visita ai musei o altro ancora. E siamo anche tutti sfiorati dalla grande passione, quella delle storie d'amore immortali, esaltate dai poeti - primo in classifica Dante, seguito a ruota da Shakespeare - oppure dai pittori, dai romanzieri, dai musicisti, dai cineasti... Questo libro di poesie - o chiamatele filastrocche che è meglio - ne illustra ventidue, assortite fra Bibbia, romanzi celebri, poemi epici, tragedie, melodrammi lirici, e lo fa in modo irriverente e col dovuto umorismo: ci sono i precursori Adamo ed Eva e poi Paolo e Francesca, Giulietta e Romeo, Renzo e Lucia, Cesare e Cleopatra, Sansone e Dalila, e tante celeberrime opere liriche, dalla Traviata a Rigoletto, da Carmen alla Cavalleria rusticana... A ogni poesiola segue poi una nota, un po' dotta e un po' divertita: le due cose possono anche andare assieme.Insomma, un libretto da leggersi in un soffio, per confermare le nostre passioni e, perché no, divertircisi sopra.

Con la complicità, per le illustrazioni, di 32 noti umoristi.

Il meglio di una ricca e vasta tradizione, selezionata fior da fiore, per assaporare l'arte, oggi un po' persa, del racconto. Talmente abituati alla fruizione immediata, da telecomando, il racconto forse ai più può sembrare ormai in sé poca cosa. Ma leggere cose nuove, anzi novelle, ancorché portino più di qualche secolo sulle spalle, potrà far scoprire il piacere di una lettura leggera, magari serale, dopo una lunga e faticosa giornata di lavoro, che non contrasta con i ritmi del nostro vivere ma che anzi, nella sua brevità, può consentire con quotidiana puntualità l'assunzione di una pillola di benessere, un piccolo momento di relax fuori dagli schemi comuni in compagnia di grandi firme quali Boccaccio, Bandello, Straparola, Sacchetti e molti altri.

NARRATIVA

È il 1949, anno dei grandi scioperi agrari nella valle padana.

Le radici della protesta contadina, nonché dello scontro col padronato, sono profonde, antiche, e inevitabile e furente è l'impatto.

L'Italia è divisa in due e, particolarmente, nella regione rossa per eccellenza, l'Emilia-Romagna, dove più accanite e organizzate sono state le lotte contadine fin dall'inizio del secolo e dove la guerra partigiana ha duramente segnato, e non soltanto ideologicamente, la società.

Uno degli episodi più cruenti di quell'anno si svolge a Saletta, un paesino poco distante dalla città di Ferrara, durante uno scontro tra un possidente che aveva ingaggiato numerosi crumiri e i suoi dipendenti.

Un tragico pezzo di storia che nessuno ha mai voluto scrivere.

FUMETTO UMORISTICO

«Come è andata a scuola?».

La risposta è sempre la stessa: "Bene!".

Ma come è possibile se si è dovuto fare i conti con: compiti in classe, interrogazioni, brutti voti, note sul registro, ufficio del Preside, materie assurde come italiano, storia e matematica, campanelle che suonano troppo presto o troppo tardi, compagni di classe insopportabili, secchioni, compagne di classe di cui innamorarsi perdutamente, ricreazioni troppo brevi, ore di lezione troppo lunghe e caterve di compiti per casa.

Una serie di strisce autoconclusive raccontano la dura vita degli studenti in classe (ma anche degli insegnanti). Soprattutto la vita di Ryan, uno più abili nel sottrarsi alle responsabilità, e quella della Profe, una delle insegnanti più determinate a far sì che Ryan si trasformi in uno scolaro modello. E se pure si tratta di strisce autoconclusive, raccontano anche una storia: la storia di un lungo anno scolastico fino al colpo di scena finale: Ryan sarà promosso o bocciato? A proposito, il pollo non è un ingenuo studente, ma una vera e propria gallina, l'originale animale da compagnia di un altro dei protagonisti di questo fumetto.

Non c'è dubbio, il calcio esprime un mondo a sé in cui ogni cosa ha senso nell'ambito di un comune sentire. Così, ad esempio, accade sovente che il linguaggio dei commentatori sportivi, degli allenatori, degli atleti e dei semplici tifosi alluda un vero e proprio sistema di valori e di consuetudini, tacitamente conosciute e riconosciute nell'ambiente calcistico, da apparire talmente tecnico o astruso che non è facile, per chi non è un appassionato o un addetto ai lavori, afferrare pienamente l'esatto significato che le parole vogliono esprimere.

Scardinando goliardicamente ogni punto fermo gli autori inventano così con disinvoltura un nuovo glossario calcistico, raccontano di campioni veri e presunti, creano proverbi e stemmi di squadre quantomeno improbabili, si lanciano nella rivelazione delle leggi segrete del calcio, filosofeggiano – si fa per dire – sui grandi dubbi del football, celebrano i grandi dimenticati, raccontano i magnifici sporchi trucchi per segnare ai rigori. Chiude il libro un'esilarante serie di comic strip sulla vita da ultras.

Finito di stampare nel mese di febbraio 2024 presso
Rotomail S.p.A.
Printed in Italy

www.ingramcontent.com/pod-product-compliance
Lightning Source LLC
LaVergne TN
LVHW060258200726
843507LV00009B/1135